BOULANGER

Prédestinée

LIBRAIRIE PLON

PRÉDESTINÉE

PARIS. — TYP. DE E. PLON, NOURRIT ET Cie, 8, RUE GARANCIÈRE. — 1121.

* * *

PRÉDESTINÉE

PARIS

LIBRAIRIE PLON

E. PLON, NOURRIT et Cie, IMPRIMEURS-ÉDITEURS
RUE GARANCIÈRE, 10

1896

AUX SŒURS D'EUGÉNIE

... *Vous seules saurez mettre un nom sous cette peinture presque effacée. Permettez-moi donc de vous l'apporter. Si je l'osais, je dirais : de vous l'offrir.*

J'ai éprouvé, en la retrouvant, une émotion profonde, une émotion telle que vous-mêmes l'avez sans doute ressentie, si jamais vous avez assisté à quelque fouille dans les catacombes.

Vous souvenez-vous de votre curiosité, alors, devant la petite pierre que l'on allait desceller ? ensuite, de l'intérêt avec lequel vous suiviez le travail de l'ouvrier ? Vous sou-

venez-vous du respect qui vous étreignait le cœur, de l'attendrissement qui mouillait vos yeux, lorsque enfin la relique vous était révélée ?

Révélée, est-ce bien le mot ?... Il n'y avait plus là que quelques poussières. Puis une colombe, une palme, tracées sur la muraille... et c'était tout !...

Mais vos rêves en demandaient-ils davantage pour prendre leur essor, pour voler vers celui ou celle qui avait aimé Dieu jusqu'à mourir ?...

Et vous étiez heureuses d'emporter un fragment de la relique à peine apparue et sitôt disparue pour retourner à son bienheureux sommeil...

Ici, comme aux catacombes, tout sera vague et mystérieux. A peine un nom : celui d'Eugénie... puis, quelques prières, quelques pensées, quelques souvenirs enfin, réunis au hasard des trouvailles faites dans les papiers d'une enfant morte à vingt ans.

Atomes que tout cela, peut-être!... Mais l'atome qui voltige n'emprunte-t-il pas, parfois, toutes les couleurs du prisme à un rayon tombé d'en haut ?...

Paris, janvier 1896.

PRÉDESTINÉE

I

Si les âmes avaient une famille humaine, peut-être faudrait-il ici une généalogie... Mais elles n'en ont pas. Elles ne se rattachent entre elles que par cette unité morale qui fait les races, bénies ou maudites. Dieu récompense ou châtie dans les générations descendantes celles qui les ont produites. Il trouve ainsi dans le passé ses raisons de disgrâce, et surtout de faveur.

Eugénie était éclose sur sa vieille tige, comme une fleur nouvelle, après tant d'autres; mais plus hâtive, elle avait devancé le printemps. Un souffle de prédestination semblait avoir dissipé, autour d'elle, le brouillard originel, d'ordinaire si lent à se lever. A l'âge des sensations inertes et des visions confuses, elle reflétait déjà, avec toutes les adorables irisations de l'enfance, les rayons du Ciel.

Et tel était ce reflet sur le visage de l'enfant, qu'un inconnu s'arrêta un jour devant sa mère pour lui dire :

« Mais c'est un ange que vous menez là, par la main. »

Le passant avait raison, le passant avait senti, chaud encore sur le front de ce petit être, le baiser dont Dieu, à l'heure où ils s'échappent de ses mains, marque ses prédestinés. Entre eux et Lui, ce baiser crée d'ineffables affinités. Dès lors, ils aiment Dieu, sans avoir conscience de leur cœur, et volent à lui sans avoir conscience de leurs ailes.

« Il y a des choses, disait Eugénie, que

seuls, nous autres petits enfants, pouvons voir... »

Et ces choses, elle les voyait, quand elle n'avait pas encore trois ans.

A quatre ans, on l'entendait « faire la conversation avec le Bon Dieu »... — ce mot ravissant est d'elle — et mêler à son dialogue les arbres, les plantes, les oiseaux...

Un jour, bien avant qu'elle sût écrire, on la trouva en train de dessiner, en grosses lettres d'imprimerie qu'elle copiait dans un livre, un hymne au printemps.

A huit ans enfin, elle écrivait à un papillon devenu son ami :

« Jouis de ta liberté, hôte chéri du printemps! Le Bon Dieu ne t'a pas donné, comme à moi, un cœur pour l'aimer et le comprendre... Mais il t'a donné le printemps, le soleil et les fleurs... profite de ces dons... Hélas! ta vie est si courte! Comme la fleur qui te supporte, ta vie se flétrira... Alors, tu viendras mourir au pied de cet arbre qui fut ton berceau... Pauvre papillon!... »

Et les fleurs comptaient dans la famille de l'enfant, comme elles comptaient dans celle du bienheureux d'Assise.

« Il ne faut jamais, disait-elle, leur faire du mal!... J'ai du chagrin de voir les tiges brisées... il y en a même qui pleurent... »

Les larmes pouvaient-elles manquer à cette autre fleur qu'était Eugénie?

Les yeux de l'enfant, qui déjà voyaient « autre chose que ce que tout le monde voit », pouvaient-ils ne pas pleurer ?

Chez Eugénie, la sensibilité aussi devançait l'heure.

Avant d'avoir le sentiment de sa propre souffrance, elle avait déjà le sentiment de la souffrance des autres.

L'histoire du saint homme Job, qui avait perdu tous ses enfants, la faisait un jour fondre en larmes.

« Mais pourquoi tant pleurer, lui dit sa

mère, puisque Dieu rendit au pauvre Job des enfants bien plus nombreux et bien plus beaux que ceux qui étaient morts?...

— Oh! maman, ceux-ci pouvaient-ils donc lui faire oublier les autres?... »

Ce trop de précocité était heureusement amorti par une étourderie qui rendait l'enfant aux joies de son âge. Et personne, pendant ces heureux intervalles, ne se montrait plus bruyant dans ses rires, plus imprévu dans ses mots, plus en train dans ses jeux. C'étaient comme de bienfaisantes giboulées qui rafraîchissaient ce petit cœur, ce petit cerveau surchauffés.

Mais ces lueurs d'étourderie passaient aussi comme les giboulées. L'éclat de rire s'éteignait soudain... A regarder alors Eugénie, on se demandait vers quelle région elle s'était envolée.

Étrange petite fille, bien faite pour déconcerter toute prévision et toute expérience!

Ravissante sans être jolie, douce avec des réveils de volonté, exubérante et mélancolique... avec cela, philosophe à ses heures, et moralisant avec la plus adorable naïveté...

Comment la définir ?

Ne disait-elle pas d'elle-même :

« On ne sait, on ne peut imaginer ce qui entre dans la tête d'une enfant » ?

Mieux vaut donc, tout simplement, la laisser parler et l'écouter. Il ne semble pas, en effet, que l'on puisse plus merveilleusement définir qu'elle ne le fit, à onze ans, cette unique chose que, jeunes et vieux, nous demandons à la vie.

« ... Joie, plaisir, bonheur..., ces trois mots semblent exprimer la même chose... On voit cependant la différence qui existe entre eux. Le plaisir... jouissance courte, quoique vive, nous attache à la terre, car il est produit par ce qui est de la terre...

« La joie a des motifs plus élevés, puisqu'on la ressent en revoyant, après l'absence, des êtres chéris...

« Le bonheur enfin, n'a qu'un aliment : Dieu! Le bonheur, c'est ce qui fait pressentir le ciel! ». . . . .

. . . .

Quand une âme d'enfant est ainsi orientée, — aimantée, devrais-je dire, — les anges eux-mêmes s'effacent pour la laisser passer. Seuls, en effet, les anges se rencontrent dans ces voies mystérieuses où Dieu et l'âme s'appellent, se parlent... s'entendent — on pourrait dire à demi-mot.

Mais notre admirable foi catholique assure à l'âme aimante d'autres rencontres moins idéales avec Celui qu'elle cherche. Dieu a voulu faire à notre être une double part, et mettre, par sa réelle présence dans l'hostie, notre humanité en contact avec la sienne.

Et pas plus que la fleur qui fleurit ou que sa mère qui l'aime, ce Dieu d'amour n'étonne l'enfant qui a appris à croire comme il a appris à parler. Chez lui, tout est fait de croyances. L'amour est une croyance. On ne croit vraiment que par son cœur. Et le cœur, bien avant l'intelligence, s'éveille chez l'enfant. Il croit parce qu'il aime. Et il aime parce qu'il ne doute pas.

Eugénie échappait cependant à cet état de tendre irréflexion, pour ne pas dire d'heureuse inconscience, où vivent souvent ses pareilles, à l'heure de leur première communion. Oserais-je dire qu'elle avait trop compris, trop pénétré l'acte auquel elle touchait?

L'intelligence d'elle-même lui venait en même temps que la vision de Celui qu'elle allait recevoir. Sa joie en devenait inquiète. Comme au Paradis terrestre, elle était tentée de se dérober à la voix qui l'appelait.

C'est qu'entre son cœur et sa raison passaient, comme de gros nuages, les petites

misères de son enfance. Et son ciel, si serein
jusque-là, en était obscurci...

« ... Mon Dieu, mon Sauveur, écrivait-elle
dans le petit cahier confident de ses angoisses... Mon Dieu, qu'il faudrait donc que
mon âme fût pure pour mériter votre visite !...
que de vertus à acquérir pour remplacer mes
défauts !... Je sais heureusement que vous ne
rejetez pas les enfants. Cela m'encourage...
Je vous aime... mais, hélas! je ne vous aime
pas encore de cet amour dont vous voulez que
mon cœur soit rempli. J'ai le triste souvenir
de mes fautes passées, et je redoute tant l'avenir pour ma persévérance !... Mon Dieu, mon
Dieu, ne m'abandonnez pas... »

Dans son trouble, elle s'adresse à qui pourra
la comprendre, à qui pourra l'aider... De
tant de lettres d'où déborde l'anxiété de l'enfant, je choisis celle-ci, qu'elle adressait au
saint évêque qui l'avait baptisée :

« ... Je n'ai qu'onze ans et point de vertu.
Je dois cependant recevoir mon Dieu. Je
tremble en pensant combien j'en suis indigne;

mais je compte sur les prières des personnes qui m'aiment. Les vôtres, oh! combien elles doivent être puissantes! Je viens donc vous conjurer de ne pas oublier auprès de Dieu celle que vous avez baptisée. Je veux être tout à fait sainte, et que d'obstacles pour le devenir! »

C'est ainsi que l'enfant passa, dans des alternatives d'espérances et d'angoisses cruelles, les derniers mois qui précédèrent sa première communion, « ... s'amaigrissant, comme dit saint François de Sales, par un continuel mouvement du cœur, et alanguissant ses forces dans son incessant battement d'ailes... ».

Mais, qui veut son jour de Pâques doit sourire à son vendredi saint. Pâques vint enfin. Et la petite âme enténébrée ressuscita radieuse quand son désir et son amour rencontrèrent pour la première fois Celui qu'elle aimait...

Lorsque Eugénie revint de l'autel, enveloppée de son nuage blanc, glissant entre le Ciel

et la terre, on eût dit d'une vision, ou plutôt
d'une de ces idéales figures où l'extase réunit
la douleur infinie à la joie suprême. Car le
bonheur — et c'est ici un témoin qui parle —
irradiait à la fois son sourire et ses larmes.

« Joies du divin amour et de l'union avec
Dieu ! en est-il sur la terre qui puissent vous
faire oublier jamais ?... Je ne comprends pas
comment Dieu a pu me donner tant de bonheur, en bouleversant si profondément tout
mon être, au jour de ma première communion », écrivait plus tard Eugénie.

Sans doute, dans les profondeurs de son
être avait retenti quelqu'une de ces paroles
qui s'entendent nettes, distinctes, précises,
sans qu'elles aient été prononcées. Inoublia-
bles paroles qui, entre Dieu qui les a dites et
l'âme qui les a entendues, deviennent comme
un mot de passe... Un irrésistible attrait en
résulte... L'âme se jette éperdue dans les bras
de Dieu... Entre elle et Lui s'établissent alors
d'ineffables communications...

Puis, c'est un grand silence, pendant lequel

l'âme se repose et goûte comme une suprême satiété... De ce repos date souvent le sacrifice de toute une vie... Que seraient tous les bonheurs d'ici-bas, auprès d'une telle paix... auprès d'un tel rassasiement ?...

Non, rien ne fut ordinaire dans cette première communion d'Eugénie. Au moment où elle entrait ainsi dans toutes les splendeurs de la vie surnaturelle, sa mère, auprès d'elle, était frappée, en vertu de cette éternelle loi de douleur qui veut que la rançon des uns soit payée par le sacrifice des autres...

Pauvre mère ! elle eut le sentiment, tout à coup, si vif, si profond de la mort prochaine de l'enfant qu'elle voyait là rayonnante, qu'elle se jeta devant une croix et que, baisant les pieds du Crucifié, elle lui demanda le courage d'être, elle aussi, quand il voudrait, une mère de douleurs.

Dès lors, on l'entendit répéter sans cesse,

en parlant d'Eugénie : « ... Dieu n'a fait que
me la prêter, je sais bien qu'il ne me la lais-
sera pas. »

Mais ces choses paraîtront singulières aux
uns, trop mystiques aux autres. Elles sortent,
je le reconnais, du convenu, et le monde est
impitoyable pour ce qui en sort : souffrances
ou vertus. Alors, pourquoi insister sur ces
échappées hors de la voie commune ?

« ... Quand tu vas chez un aveugle, dit un
proverbe oriental, ferme les yeux... »

II

ERTES, au point de vue mystique,
vous seriez allé chez un aveugle en
entrant dans le cabinet où trône,
là, devant son lourd bureau, le
grand-père d'Eugénie.

Rien de moins mystique, en effet, que ce
noble et mâle visage, où les yeux pétillent
d'esprit, où le sourire raille, où, sous la plis-
sure des rides, on sent courir un sang chaud
encore comme à vingt ans.

Il vous toise, il vous écoute d'un air peu
encourageant. Nul n'est meilleur pourtant
que ce grand vieillard majestueux, jusque

dans le geste avec lequel, en se rasseyant, il ramène sur ses genoux les longs pans de son habit. Quel dommage ce serait que d'enlever ce vieux portrait à son vieux cadre ! Comment imaginer cet homme d'autrefois dans un salon tendu de peluches tendres et encombré de fleurs ! Ici, au contraire, tout s'harmonise avec le maître du logis. Ces chaises de cuir, ces consoles, ces rideaux ternis forment un fond doux un peu passé, sur lequel il se détache, admirablement modelé par les demi-teintes que tamisent les petits vitrages.

L'ensemble du tableau est d'une touche un peu vieillotte, mais si juste, si fine, que l'on croirait avoir devant soi quelqu'un de ces portraits qu'enchâssaient jadis, dans des détails si amoureusement peints, Miéris ou Terburg.

S'il en était besoin, d'ailleurs, la maison, dont ce cabinet est l'âme, prêterait encore à l'illusion... Comme aux vieilles gens, les rides donnent aux vieilles maisons un air de famille, sous toutes les latitudes.

La nôtre a ses assises appuyées sur le quai
d'une grande ville. Si solides que soient ces
assises, l'âge a pourtant un peu déjeté la construction, décrépit sa façade, et ses fenêtres
semblent fatiguées d'avoir, depuis si longtemps, regardé le fleuve qui écume là tout
près — et là-bas les montagnes qui ceinturent
l'horizon immense.

Cette maison était celle du grand-père
d'Eugénie. Tous les hivers y ramenaient l'enfant.

L'enfant et le vieillard s'adoraient. Est-il
besoin de le dire ?... Quelle naïveté que d'avoir
écrit un gros livre sur l'art d'être grand-
père !... Personne n'a appris aux rivières à
couler, ni aux petits ruisseaux à s'y jeter.

Ainsi que va le flot, ainsi vont les familles,
confondant leurs générations, tantôt paisibles, tantôt douloureuses... Hélas ! pourquoi
faut-il que si souvent, comme la rivière, la

famille charrie plus d'épaves que de fleurs?...

Le grand-père d'Eugénie était une épave de la Révolution. Il avait onze ans quand, en 93, on arrêta son père et sa mère. Les patriotes de la petite ville qu'ils habitaient les accusaient de cacher des prêtres chez eux. La chose était probable, sinon vraie, vu leur haute pratique religieuse.

La justice, ou du moins ce que l'on appelait la justice, en ce temps-là, avait des procédés expéditifs. A peine arrêtés, les arrière-grands-parents d'Eugénie étaient conduits en prison. Le lendemain, on les condamnait à mort. Le surlendemain, on faisait, dans leur cachot, l'appel pour la guillotine.

Mais voilà, chose curieuse, qu'il y avait, dans le même cachot, un autre ménage qui se nommait comme eux.

Or, ce mari et cette femme se hâtèrent de répondre à l'appel de leur nom. Il leur en coûta la vie, tandis que ce trop grand empressement sauvait les véritables condamnés.

Pendant qu'on les oubliait ainsi, une aventure non moins étrange arrivait à leur fils.

De tout temps on l'avait destiné au séminaire. Mais, en attendant d'y entrer, — Dieu sait quand, maintenant ! — le pauvre enfant mourait de faim, depuis l'arrestation de ses parents.

Comme il errait tristement sur la place de sa petite ville, le hasard lui fit rencontrer un patriote émérite qui venait d'être nommé représentant du peuple. Un obstacle, malheureusement, s'opposait à l'envolée de l'élu vers de plus hautes destinées : il ne savait, et encore à grand'peine, que signer son nom.

L'enfant, au contraire, avait une merveilleuse écriture. Je ne sais quelle extraordinaire inspiration le poussa à s'offrir comme secrétaire au grand homme. L'autre commença par hausser les épaules.

« Mais au moins regardez ma belle écriture ! » insista l'enfant. Le représentant du peuple finit par y consentir avec la condescendance d'une brute ivre. Car, ivre, il l'était du matin au soir, et voilà le gentil secrétaire accepté.

Bien entendu, il n'avait pas été question d'argent dans le marché, à peine d'un morceau de pain.

Mais de quel cœur l'enfant le mangeait quand il avait réussi, comme cela lui arriva tant de fois, à faire parafer par son maître des levées d'écrou ou des passeports qu'il lui présentait comme des ordres d'arrestation !

A l'appui de ces lointaines histoires, le petit secrétaire, devenu le grand-père que je viens de dire, montrait à Eugénie l'écuelle de bois dont, tant qu'avait duré leur captivité, ses arrière-grands-parents s'étaient servis dans leur prison. Et cette écuelle était bientôt le prétexte de quelque nouveau récit. Tragiques et tendres, en effet, les souvenirs abondaient dans cette vie de quatre-vingts ans.

Au lieu d'entrer au séminaire, on était entré dans les affaires, dès que la Révolution l'avait permis. Il fallait bien réparer les brèches de la fortune et assurer l'avenir des vieux parents qu'elle avait ruinés. Grâce à leur fils, à son entente et à son bonheur en affaires, ils purent achever de mourir en paix.

Mais lui n'en avait vécu que plus fiévreux. A vingt ans, la fièvre du commerce n'est pas la seule fièvre qui fasse battre les artères.

Un jour l'accès fut terrible, parce que le jeune homme avait vu passer une jeune fille sous sa fenêtre.

Et voyez comme les souvenirs du grand-père étaient précis encore, soixante ans après l'aventure!

Cette jeune fille portait, ce jour-là, une robe de mousseline blanche et avait une rose dans les cheveux. Avec cela, elle était de grande maison et avait à peine quinze ans. C'étaient bien des obstacles avec lesquels pourtant on ne compta pas.

Imaginez que la demande en mariage fut risquée, séance tenante. La réponse ne fut pas moins foudroyante. Le soir même, et toujours de sa fenêtre, le prétendant voyait, en effet, passer une chaise qui, au galop de quatre chevaux, emportait bien loin son rêve.

Bien loin, c'est trop dire. On n'avait pas laissé au rêve le temps d'aller bien loin. Une heure après, l'amoureux, au galop d'un bidet de poste, l'avait rejoint et tant prié, tant supplié, que le rêve, deux ans plus tard, se réalisait.

Pendant que son mari racontait cette histoire, la grand'mère d'Eugénie, en robe sombre et en haut bonnet — où étaient la robe de mousseline blanche et la rose d'antan ? — souriait à ces vieux souvenirs. Douce et noble femme, qui portait autant l'empreinte du dix-huitième siècle par la grâce de son esprit qu'elle lui échappait par la pureté de ses croyances.

Elle aussi avait été à bonne école. Sa mère était si dévote, comme on disait alors, qu'on ne la voyait jamais sans son Eucologe et que, pendant ses dernières années, — la digne femme vécut jusqu'à quatre-vingts ans,

— elle se croyait toujours à la messe. Elle s'y croyait à tel point que, si quelqu'un s'avisait de lui parler, elle s'écriait terrifiée : « Paix! paix! j'en suis à l'élévation. »

Cette petite histoire montre de quel bon sang descendait Eugénie. Pour en témoigner mieux encore, je puis ajouter que, tandis que son grand-père, peut-être moins dévot que sa femme, s'occupait surtout des intérêts de ce monde, celle-ci, au contraire, s'occupait surtout des intérêts de l'autre, et ainsi tous deux se complétaient.

Mais comme toutes les saintes, l'aimable femme avait quelque chose d'humble, de timide, de réservé, autant dans son allure que dans sa personne. Elle semblait s'oublier toujours, au point d'encourager — dût-elle y perdre quelque chose de son prestige — la toute-puissante influence qu'Eugénie exerçait sur son grand-père.

Il faut bien l'avouer, non seulement cet empire de la petite fille charmait chacun, mais il adoucissait la vie commune, car nul n'était moins constitutionnel que le vieillard dans sa façon de gouverner sa famille.

Oui, peu à peu, elle était devenue l'indispensable intermédiaire entre le souverain un peu despote de la maison, et le peuple de petits-enfants qu'y ramenaient chaque année les premières neiges.

Frères, sœurs, cousines, ils étaient quinze à peupler les trois étages de l'hôtel, et imaginez que l'aînée de tout ce petit monde — c'était Eugénie — n'avait pas treize ans.

« Voilà, écrivait-elle, la ruche qui se remplit... J'espère qu'elle sera, cette année, moins bruyante que d'habitude, et que les petites abeilles commenceront à y apporter un peu de miel. »

Dans son métier de reine, Eugénie ne s'épargnait pas... « Elle raisonnait son petit monde, écrit sa mère, promettant mille petites joies à chacun, pour l'amener à ses fins... »

Habile, en effet, à rendre aimables jusqu'à ses
gronderies, Eugénie savait « tout prendre par
la fleur », comme disait quelqu'un, quand
tant de gens ne savent même prendre une rose
que par ses épines.

Ce prodigieux instinct de gouvernement,
qui étonnait tout le monde, étonnait Eugénie
plus que personne. C'était aux autres qu'elle
s'en prenait, avec une adorable modestie, de
ses propres succès.

« Il faut avouer, écrivait-elle, que je suis
bien heureuse... mes sœurs et mes cousines
ne me disent que de douces choses... Et puis,
elles ont un si grand talent pour me voir
meilleure que je ne suis!... Je sens bien que
ce ne sont là que des compliments. Mais je
me dis, pour me rassurer, qu'il est naturel de
voir en beau ce que l'on aime... »

La petite fille avait raison. Il faut donc se
garder de cette sorte de lyrisme si fréquent
qu'un homme d'esprit appelait « la calomnie
en beau ». Si charmante que soit une nature,
elle a ses défauts, et n'est-ce pas lui enlever

l'ombre nécessaire à son relief que de les cacher?

La rapidité de sa pensée, la vivacité de ses impressions, une sensibilité peut-être excessive ne laissaient pas toujours Eugénie absolument maîtresse d'un premier mouvement trop vif... mais elle était non moins prompte à se ressaisir.

Quelqu'un de son intime entourage racontait, à ce propos, qu'un jour, poussée à bout par je ne sais quelle persécution de sa sœur cadette, elle avait effleuré celle-ci du bout de sa règle...

Oh! alors, les larmes lui montèrent aux yeux; elle rougit, cacha son visage dans ses mains, et demeura toute la journée si confuse, si désolée, que les témoins de cette contrition parfaite en étaient profondément émus.

« ... Il nous fut dès lors impossible — c'est encore le même témoin qui parle — de deviner chez elle une émotion, ou l'effort qu'il lui en coûtait pour retenir une parole trop vive prête à s'échapper de ses lèvres... »

Ces détails sont peu de chose; pourtant ce

presque rien est grand ! Le sacrifice, en effet, ne se mesure pas à l'objet, mais au courage que l'on met à l'accomplir.

Un mot de la mère d'Eugénie parfera le portrait de l'enfant dans ce rôle de grande sœur qui lui allait si bien :

« Je ne suis plus, disait-elle, que l'aïeule de mes filles. Eugénie est leur vraie mère... »

❧

Bien que, dans le petit monde des enfants, on médise, comme ailleurs, de la supériorité qui s'impose, on ne la subit pas moins.

L'influence qu'Eugénie exerçait autour d'elle fut bientôt reconnue et acceptée par tout le monde.

Mais l'empire qu'elle avait sur elle-même n'en était pas la seule cause. Son extraordinaire puissance de travail, sa facilité d'élocution, la précision et le rare bonheur de ses expressions la mettaient absolument hors de pair à treize ans.

Imaginez qu'à cet âge elle s'essayait déjà à une traduction de Shakespeare !

Et elle s'en prenait aux difficultés de ce travail si fort au-dessus de son âge, avec le même courage, la même ardeur qu'elle mettait à lutter contre ses défauts. Il est vrai qu'au point de vue de l'étude, sa mémoire, qu'elle avait extraordinaire, l'aidait puissamment. Il s'y faisait une sorte de classement, d'enchaînement, si l'on peut ainsi dire, qui mettait l'enfant à même d'induire les causes et d'en déduire les faits avec une justesse rare, non seulement à son âge, mais à tout âge.

Le côté philosophique ou religieux des choses l'intéressait cependant plus que pas un autre.

En histoire, par exemple, c'était toujours l'action providentielle qu'elle cherchait, dans la suite des événements.

« Qu'est-ce donc que l'histoire, écrivait-elle, sinon le spectacle de la nature humaine dans son plus grand développement ?...

« Mais pour en entendre toutes les leçons,

pour en comprendre toutes les beautés, il ne faut pas se laisser absorber par les détails et par les événements purement extérieurs ou politiques...

« Il faut aller plus avant et s'efforcer, autant qu'il est possible, de retrouver, sous le voile des révolutions, la pensée qui les animait, et d'en déduire les conséquences... »

Une telle façon d'envisager les choses n'allait peut-être pas sans quelque ambition chez une enfant. Mais n'est-ce pas par ce côté « qui ne doute de rien » que cet âge est si séduisant? A l'enfant, tout paraît possible, et, pour Eugénie, l'enfance, à ce point de vue, empiéta longtemps sur la jeunesse.

« C'est surtout lorsqu'on est jeune, disait-elle parfois, que l'on aime à contempler le grand spectacle des choses. L'âme, enrichie par l'étude, émue de ce qu'elle commence à comprendre de la vie, cherche dans ce spectacle le reflet d'une beauté, d'une justice suprêmes dont elle a comme une révélation...

« Elle est alors semblable au voyageur qui,

après avoir visité une région lointaine, parvient au sommet de la montagne et embrasse d'un regard étonné et ravi la contrée tout entière. ». . . . .

. . . .

Peut-être serez-vous tenté de sourire devant de si hautes visées? Mais non, vous ne sourirez plus quand vous aurez lu ces lignes tracées par cette enfant de quinze ans :

« ... La connaissance plus approfondie du bien et du mal, des chutes et des dégradations de l'homme, fait comprendre le mystère de la purification par l'épreuve qui s'opère dans les nations comme dans l'individu... On adore alors les desseins de Dieu... on ne lui demande plus pourquoi il laisse si souvent croître l'ivraie au milieu du bon grain... enfin, plein de respect et d'amour, on écoute l'hymne de louanges, à demi étouffé par les passions humaines, que chantent les siècles et que les splendeurs de la nature répètent sans se lasser, dans leur langage harmonieux... »

A défaut d'un nom, il faudrait une date
peut-être au bas de ces réflexions surpre-
nantes. Mais ni l'un ni l'autre ne me sont
permis.

Je puis dire seulement qu'à l'époque où
Eugénie écrivait ainsi, la philosophie n'était
pas plus de mise en histoire que la psycho-
logie dans le roman. Histoire et roman se
contentaient de faits, sans que rien de sug-
gestif — pour me servir d'un mot à la mode
— avisât le lecteur qu'il y avait peut-être
quelque chose à déduire de ces faits...

Mais encore, s'il ne m'est pas plus permis
de donner une date qu'un nom, je puis, sans
manquer à mon imprudente promesse, apporter quelques raisons de l'extraordinaire intelligence d'Eugénie et signaler, avant tout,
l'atavisme...

Elle était la petite-fille de ce grand-père
dont je n'ai pas à redire ici la prodigieuse

capacité... Je veux ajouter seulement qu'il parlait à merveille et que, plus d'une fois, il sut par son éloquence dompter l'émeute qui grondait autour de lui.

Quant au père de l'enfant, il avait un esprit d'une rare finesse et le sens d'une droiture infinie. On verra par la suite de ce récit ce qu'était sa mère, avec quel charme elle savait écrire et combien juste était, en toutes choses, son talent de voir et d'observer.

Enfin, sans avoir la prétention, comme il arrive trop souvent, de trouver tout extra-ordinaire autour d'une enfant extraordinaire, il me faut dire que les circonstances avaient amené Eugénie à un cours de jeunes filles que dirigeait alors une femme d'un mérite trans-cendant.

C'est, en grande partie, à cette femme d'élite que l'enfant dut ce précoce développement, cet affinement de sensations sans lesquels elle eût, peut-être, été moins remarquable... et plus heureuse.

L'institutrice n'était pas pourvue de brevets, mais il n'en serait guère aujourd'hui, et des plus diplômées, pour l'égaler en hauteur de vues et en science de toute sorte.

On voyait cette femme, merveilleusement douée pour séduire, manier avec un rare bonheur, et peut-être avec une non moindre audace, cette chose si délicate qu'est une conscience de jeune fille.

Nul ne résistait à sa parole, à sa pénétration, à cette flamme, enfin, qui semble avoir été, de tout temps, l'apanage des disciples de saint Dominique... Car c'était avec passion qu'on l'avait vue s'enrôler dans le Tiers Ordre, que le Père Lacordaire venait de restaurer.

Entre l'enfant et elle, on aurait dit un courant magnétique. Toutes deux s'étaient pressenties, devinées, aimées, dès leur premier contact, et cette intimité singulière s'augmentait à chaque étude nouvelle, à chaque enseignement nouveau.

L'institutrice savait rendre charmants les travaux les plus ardus. La philosophie avait bientôt succédé à la littérature. Les ouvrages de Bautain et d'Auguste Nicolas, savamment et tendrement commentés, — si tant est que la chose soit possible, — avaient initié Eugénie à une sphère d'idées qui la passionnaient.

« ... Assise sur une petite chaise dans l'endroit le moins apparent de la pièce, Eugénie attachait sur moi, racontait plus tard cette femme, dans des notes que j'ai sous les yeux, un regard si brillant et si humide de larmes, que je m'en souviendrai toujours. » . . . . . .

. . . .

« Je ne puis me rappeler sans émotion, écrivait-elle encore, les douces heures où, inspirée moi-même par le regard animé et les paroles brûlantes de l'enfant, je me laissais aller à verser mon âme dans la sienne... Nous parlions de Dieu... de dévouement, de sacrifice, de toutes ces choses qui doivent nous

conduire à lui en nous le révélant... Eugénie
m'écoutait avec un ravissement qui venait
bien plutôt de son âme que de mes paroles. »

. . . .

Seul, le pinceau d'Ary Scheffer a pu rendre
la physionomie de deux êtres qui se perdent
dans l'infini de Dieu... Mais ici, comme à
Ostie, le vol de l'enfant fut celui qui monta le
plus haut.

III

ERTAINES qualités ne vont guère, dans notre estime, sans certains défauts qui en sont, pour ainsi dire, les satellites, ou plutôt les parasites obligés. Une belle intelligence ne saurait être simple ; une grande vertu ne peut être que rêche ou maussade, et, pour peu qu'elle ne soit pas banale, une femme passe bien vite pour prétentieuse ou excentrique.

Eh bien ! malgré toutes ses qualités, Eugénie était infiniment séduisante. Rien d'apprêté, de guindé, dans sa petite personne. Le franc sourire de ses jolies lèvres creusait deux

fossettes sur ses joues. Ses yeux bleus pétil-
laient d'esprit. Son teint éblouissait. Et si, en
somme, l'enfant n'était pas d'une beauté ré-
gulière, la finesse de ses traits et leur distinc-
tion faisaient de son visage un ensemble charmant.

Non, chez elle, rien n'était d'une fleur penchée. Elle ne jouait pas, comme tant d'autres,
à l'incomprise. Gaie, naturelle, en dehors,
elle avait au moral, comme au physique, ce
que l'on appelle, je ne sais vraiment pourquoi, la beauté du diable.

Et puis, n'est-ce pas le plus bel éloge à faire
du caractère d'Eugénie que de dire qu'elle ne
reculait devant aucun ennui, ni aucun ennuyeux ?

Il y avait, par exemple, deux fois par semaine, chez son grand-père, des leçons de
physique, où grands et petits bâillaient sans
respect aucun pour le professeur.

« ... Voyons, écrivait Eugénie, pleine de compassion, ne faut-il pas que je me sacrifie pour ce pauvre M. de C..., qui remplit en conscience la tâche qu'il s'est donnée? Pendant que mon grand-père et que mon oncle dorment... que ma tante et maman bâillent, que mes sœurs et mes cousines rient dans tous les coins, ne faut-il pas que je prenne par-ci par-là quelques notes pour rédiger un résumé de la leçon ? Ce bon monsieur est toujours enchanté, pourvu qu'il y retrouve quelques-uns de ces mots scientifiques dont il est prodigue... »

A cinquante ou soixante ans, on a croisé tant d'ennuyeux, de sots et d'indiscrets sur son chemin, que non seulement on ne s'émeut plus de leur rencontre, mais qu'on les aime presque par habitude. Il n'en saurait être ainsi à quinze ans.

A quinze ans, il est tout simplement héroïque de les rechercher comme le faisait Eugénie. D'où lui venait cet héroïsme ? Je ne crois pas me tromper en disant qu'il lui venait simplement de la parfaite inconscience, où elle vivait, de son propre mérite.

Nul moins qu'elle-même ne le soupçonnait; son allure, sa conversation étaient si enjouées toujours et si simples, que l'on eût été fort embarrassé de deviner, quand on la surprenait fermant un livre, si elle quittait l'*Histoire universelle* de Bossuet ou les *Contes* de Perrault.

Ces contes l'avaient si fort charmée que les abandonner fut, je crois, le grand sacrifice de son enfance. Elle en pleura de chagrin, m'a-t-on dit. Mais enfin c'est de ce sacrifice que data, comme elle le prétendait plaisamment, sa seconde manière. Son style, en effet, dès lors se forma, son imagination perdit quelque chose de sa trop grande fantaisie, tandis que sa pensée acquérait une pénétration qui bientôt étonnait son entourage.

« ... Chacune de ses lectures, écrivait quelqu'un, mettait en mouvement une faculté de son âme. Elle passait de Malebranche à Corneille, d'une méditation de Lamartine à une page de Pascal, et toujours son âme vibrait à l'unisson des pensées profondes, poétiques, philosophiques qu'elle effleurait... »

Elle-même écrivait :

« Quelle jouissance de se lancer dans les espaces inconnus que ces grands auteurs ouvrent à l'esprit!... J'aime tant les horizons sans bornes!... Ils sont, d'ailleurs, moins dificiles à regarder que les vues étroites... »

Et c'était dans toute la sincérité de son cœur que l'enfant s'exaltait ainsi. Quand elle avait lu quelques pages bien abstraites, elle les analysait la plume à la main... Vraiment, on eût été tenté de sourire, parfois, à la voir ainsi installée parmi les docteurs, philosophant avec Schlegel, discourant avec Lacordaire ou Montalembert, étudiant la Révolution avec Joseph de Maistre. Balmès, Veuillot, qui sais-je encore? semblaient être de son intimité.

Les innombrables petits cahiers que j'ai là

sur ma table révèlent une merveilleuse mé-
thode de travail.

D'abord, c'est un résumé du livre qu'Eugénie vient de lire. Quand elle l'a résumé, elle
le résume encore. Alors, ce ne sont plus que
quelques formules d'une lucidité parfaite, qui
suffisent à condenser, dans leur extrême briè-
veté, toute la doctrine étudiée.

Voici, par exemple, la façon dont sont ana-
lysés, dans un de ces petits cahiers, les premiers chapitres de l'œuvre où Balmès com-
pare le protestantisme au catholicisme :

« Balmès, écrit Eugénie, Balmès, après avoir
montré les résultats du libre examen, lui op-
pose les résultats de la soumission à l'Église...

« Avec le libre examen, le protestantisme
réduit la religion chrétienne à n'être qu'une
opinion mobile...

« Avec la souveraineté de l'Église, qui
domine ce qu'il y a de plus mobile dans
l'homme, c'est-à-dire son cœur et son esprit,
le catholique se repose dans l'asile visible de
la Vérité... »

Tout cela est net, précis; mais quelle lumineuse et ardente conclusion à ce sommaire, si l'on peut ainsi dire, de tant d'idées :

« Que nous sommes heureux que l'Église existe!... Sans elle, que serait devenue la Vérité parmi nous ? »

C'était la même pensée que Mme Swetchine avait déjà traduite dans cette admirable formule : « le Cénacle, seul, peut continuer le Calvaire. »

A ce propos, comment n'être pas frappé d'une certaine similitude entre le grand esprit mûri qu'était Mme Swetchine et l'intelligence encore en bouton, si l'on peut ainsi dire, qu'était Eugénie? Chez l'une, comme chez l'autre, quelle admirable ardeur de foi, quelle inextinguible soif de vérité !

J'insiste sur ces analogies.

« L'ombre même, du côté de Dieu, disait encore Mme Swetchine, est préférable à la lumière venue du côté des hommes... »

Et Eugénie reprenait, dans sa simplicité :

« Vous ne pouvez imaginer avec quelle avi-

dité mon intelligence saisit maintenant tout
ce qui peut rassasier son besoin de vérité...
Je ne lis plus une ligne... je n'entends pas une
conversation un peu sérieuse, sans y chercher
instinctivement quelque chose pour combler
les désirs de mon cœur et de mon esprit. ». .

. . . .

Qu'était ce quelque chose tant cherché?
C'était l'au-delà, le divin, seul élément où les
âmes pareilles à celle d'Eugénie vivent, agissent, se meuvent... Elles peuvent traverser
le monde des intelligences, elles savent certes
admirer les grandes œuvres de l'esprit humain;
mais ce qu'elles demandent au génie comme
au brin d'herbe, c'est de leur parler de Dieu.

C'est ainsi que le *Génie du christianisme*
n'est pour Eugénie que l'expression d'un ré-
veil religieux.

« Ce livre, écrit-elle, fut le livre d'une situa-
tion... Il apparaissait à son heure. Aussi son

action fut immense. Le philosophisme, qui par ses sourires et ses railleries avait détruit toute croyance, s'était arrêté, désenchanté, devant les ruines accumulées par lui. Les esprits étaient dans l'angoisse de l'attente. Ils cherchaient un aliment nouveau...

« Ce fut alors qu'un jeune homme vint, annonçant la Vérité toujours ancienne et toujours nouvelle qui seule répondait au besoin des âmes...

« On s'émut à la voix de cette jeune et tendre imagination, éveillée au milieu des souvenirs du passé, instruite de si bonne heure par les révolutions, et qui s'était exaltée devant le spectacle d'une nature encore vierge...

« La parole de Chateaubriand avait quelque chose de rêveur qui convenait à ces âmes malades et éloignées de la paix. Elle exprimait toutes les tristesses du désenchantement mêlées aux splendeurs d'une âme ardente qui a retrouvé le chemin de la Vérité. » . . . . . .

. . . .

La citation est un peu longue, mais le

courage me manque pour la raccourcir...

« La grande puissance de Chateaubriand vint surtout, continue Eugénie, de ce qu'il sut enrôler les idées modernes au service du christianisme...

« Un instant emporté par les rêveries philosophiques et révolutionnaires de l'époque, ramené au christianisme par un mot de sa mère mourante, il parle de la religion en poète, en philosophe, en artiste, comme il faut en parler à de tels auditeurs.

« Il relève la croix à toutes les avenues de l'intelligence humaine. Il réchauffe ce que le rationalisme a glacé, et ramène notre littérature à son élément naturel . . . .

« L'opinion publique était pour lui. On se trouvait à l'une de ces époques où la lutte éternelle entre le libre examen et la soumission aux grandes vérités prend, tout à coup, des proportions étranges. La société, entraînée vers un abîme, était comme l'homme qui, après avoir tenté de se suicider et senti les premières horreurs de la mort, se rejette désespérément vers la vie. » . . . .

. . . .

Laissez-moi redire que ce n'étaient là, pour
Eugénie, que de simples amplifications litté-
raires. On les a retrouvées après sa mort,
pêle-mêle, avec quelques pièces de poésie
ignorées de tous... Fleurs desséchées dont le
parfum, alors qu'elles verdoyaient, effrayait
si fort la mère de l'enfant qu'on lui entendait
dire un jour :

« Non, je n'ose lire tout cela... Je tremble
d'expier trop cruellement le bonheur de pouvoir être si fière de ma fille! » . . . .

. . . .

Ce qui frappe surtout dans les aptitudes
d'Eugénie, c'est la facilité, la souplesse merveilleuse avec lesquelles elles s'adaptent à tous
les sujets. Après avoir commenté Chateaubriand, c'était saint Augustin qu'elle entrepre-
nait de traduire.

Ai-je dit que, dès longtemps, Eugénie avait traduit Virgile, Horace, Tacite lui-même? Mais encore, si fort qu'elle goutàt le latin des poètes et des historiens, celui des Pères de l'Église avait toutes ses préférences.

Voyez quelle chaleur de cœur et quelle pénétration d'esprit dans cette traduction du plus divin d'entre eux! Jamais, peut-être, les *Soliloques* de saint Augustin ne rencontrèrent une pareille interprétation.

« O Seigneur, toi qui me connais, fais que je te connaisse! O force de mon àme, montre-toi à moi... O mon consolateur, fais que je te voie. — Fais que je te voie, Lumière de mes yeux. — Viens, joie de mon esprit, allégresse de mon cœur... Viens, ô vie de mon àme...

« Illumine mes yeux, ô lumière incompréhensible... Fais briller devant eux tes éclairs, pour qu'ils voient la vérité, et aveugle-les pour qu'ils ne voient pas la vanité... Multiplie les fleuves et change leur cours, afin que leurs sources paraissent et que les fondements de la terre soient révélés...

« Donne-moi un cœur qui puisse te con-
cevoir, une àme qui t'aime, un esprit qui te
contemple, une intelligence qui te comprenne,
une raison qui toujours avec force s'attache à
toi. ». . . . .

Cette àme d'enfant ne semblait-elle pas
faire sienne la prière de l'évêque d'Hippone,
et sienne aussi cette admirable invocation à
la vie ?

« Ma vie maintenant fleurit, et, à l'instant,
elle se dessèche... Ma vie est une vie fragile qui
décroît aussi rapidement qu'on la voit croître..
qui, aussi vite qu'elle s'avance, aussi vite
court vers la mort. Maintenant, je me réjouis,
et, un instant après, je m'attriste... Je suis
plein de vigueur, et aussitôt je deviens in-
firme... Je vis, et déjà je meurs. » . . . . . .

Mais ici la traduction s'arrête. Emportée
par son élan, Eugénie s'abandonne à sa propre
inspiration.

« Qu'est-ce que la vie ? D'où nous vient-elle ?
Quel en est le but ? écrit-elle. Qu'est-ce enfin
que la mort, cette mystérieuse et terrible

puissance qui, seule, a plus de force que la
vie?

« O redoutables problèmes que les siècles
ont creusés en vain, que les générations ont
soumis avec angoisse à toutes les intelligences
et que jamais aucune science humaine n'a pu
et ne pourra expliquer! La vie est répandue
à profusion au dedans et au dehors de nous.
Son haleine glisse sous l'herbe des montagnes
et sous les épis tremblants des plaines fécondes. Sa voix retentit dans les mille accents
joyeux des créatures. La vie est en nous. Elle
fait mouvoir notre corps, elle anime notre
âme, elle fait battre notre cœur... Ne l'avons-
nous pas sentie souvent, dans ces moments
heureux où la volonté est saisie tout à coup
d'une ardeur inconnue, où l'âme, pleine de
désirs, d'aspirations incomplètes, n'a plus
d'autre parole que les chants ou le silence?...
Alors, dans ces moments d'ivresse, nous
avons vraiment senti la vie. ». . . . .

. . . .

Je ne sais quel souffle biblique passe dans cette invocation à la vie, et ce même souffle anime encore cette autre invocation de l'enfant à la douleur :

« Toute créature gémit. Toute créature est soumise à la douleur, au travail et à la mort. Et plus la vie est abondante en elle, plus il lui faut souffrir... et mourir...

« Qui pourrait jamais dire tous les maux qui déchirent une seule âme ?...

« Errant au milieu des ténèbres, nous attachant, avec l'angoisse du naufragé, aux roseaux fragiles du rivage, espérant sans cesse pour être blessés plus vivement ensuite par l'épine du désespoir, trompés par tous nos désirs, déchirés dans toutes nos affections, énervés par l'ennui qui se trouve au fond de toutes choses, souillés par mille tentations, nous traînons ainsi notre vie malheureuse entre les illusions vaines du matin et l'épuisement du soir.

« Et puis, à l'heure marquée, une puissance inconnue et terrible nous arrache à ce corps. — Un peu de poussière que le vent emporte... un souvenir qui bientôt s'éteint... Voilà tout ce qui reste d'un homme qui avait souffert... qui avait aimé... dont la pensée, peut-être, s'était élevée jusqu'aux splendeurs des mondes supérieurs...

« D'autres hommes vont vivre, mourir, être oubliés, là où il avait vécu, où il est mort. Les générations se succèdent et vont s'engloutir, tour à tour, dans les abîmes de la mort, et de tant d'âmes vivantes il semble qu'il ne reste plus rien.

« Voilà ce que l'homme connaît de sa propre vie, et en la voyant si malheureuse et si fragile, il maudit avec Job le jour de sa naissance. » . . . .

. . . .

Douleur ici n'est pas tristesse, pourtant. Quelle différence entre les envolées d'Eugénie et le pessimisme qui désespère jusqu'à l'enfant d'aujourd'hui ! Quelle radieuse espé-

rance dans les dernières lignes qui servent de
signet à cette admirable page :

« ... C'est dans cet abîme de ténèbres et de
désespoir qu'était plongée la pauvre humanité lorsqu'une grande lumière s'est levée sur
elle. Depuis ce jour, une magnifique espérance a traversé notre vallée de larmes. Nous
savons maintenant l'énigme de notre vie. Non,
ce n'est pas Dieu qui a fait nos douleurs; ce
n'est pas lui qui a créé la mort. Oh! oui, mon
Dieu, je comprends que cette vie, dont je sens
en moi comme des lueurs fugitives, est le
germe informe de celle que vous nous aviez
donnée dès l'origine et que notre Sauveur est
venu racheter.

« Ce germe éclos sous l'influence du mal
et de la mort, il faut que nous l'élevions vers
vous et que nous l'unissions à vous. Mais il
faut pour cela que nous le séparions de tout
ce qui le souille... il faut que tout mal soit
effacé en lui par ce qui est la peine même du
mal, par la souffrance et la mort.

« C'est le grand mystère et l'alliance suprême de votre justice, ô mon Dieu, de votre miséricorde et de notre propre liberté...

« La vie est une épreuve. C'est l'océan agité d'où notre âme sortira au matin de son éternité comme un soleil éblouissant... C'est la terre obscure où le grain de sénevé germe, se dépouille et meurt, pour produire un grand arbre. ». . . . .

Le grain de sénevé poussa si vite ici qu'Eugénie en était déjà aux fleurs à l'heure où les autres sont encore à peine aux bourgeons... Mais, hélas! les fruits ne devaient pas avoir le temps de mûrir. . . . .

. . . .

IV

EUT-ÈTRE pensera-t-on, en achevant ces fragments :

Qu'il n'est pas bien honnête, et pour beau-
[coup de causes,
Qu'une femme étudie et sache tant de choses.

. . . .

Mais qu'on se rassure! le sentiment du devoir, chez toute femme comme celle dont je parle, domine encore ses plus hautes envolées...

On le trouvait toujours égal ici, qu'il fût question de philosophie ou d'intimes détails de ménage. D'ailleurs, je crois l'avoir dit, Eugénie était à ce point maîtresse d'elle-même, que ses goûts et ses préférences ne comptaient plus guère dans sa vie.

« Non, ne riez pas, mandait-elle à l'un de ses oncles, si je vous dis que je n'ai pas eu le temps de vous écrire plus tôt. Je ne veux pas vous faire le détail de toutes mes grandes occupations : mais il s'agit de fruits à cueillir, de poires à peler et de toutes sortes d'autres utiles petites choses que nos seigneurs et maîtres ont assez l'habitude de dédaigner jusqu'au moment où ils jouissent des résultats... Oh! c'est sans malice que je vous l'écris! Je suis plus heureuse, en effet, que je ne saurais le dire de la position où la Providence m'a placée. Elle va bien à ma petite taille, à mon petit courage, à mon petit esprit... »

Et la même plume qui tout à l'heure philosophait si haut, s'amusait à retracer ces intimes détails :

« Que vous ririez à voir notre intérieur! A la suite d'une révolution de palais, nous en sommes, pour l'instant, réduits à un serviteur unique, et celui-là est un excellent garçon qui

toujours répond oui à ce qu'on lui demande.
Rien de moins étonnant que cette obéissance
passive, puisque sa vie jusqu'ici s'est passée
à faire frire des pommes de terre chez les
Frères...

« Son esprit n'ayant jamais été plus loin
que la queue de sa poêle, il est bien à craindre
qu'il ne puisse s'élever jusqu'aux sublimités
du balayage... Mais enfin, tel qu'il est, j'es-
saye de le former sans trop d'ennui, je vous
assure, en m'édifiant au besoin d'une si merveilleuse obéissance. »

Rien n'était donc pour déconcerter Eugénie
dans sa résolution de trouver tout bel et bon.

« Je viens de faire mon essai dans le gouvernement de l'office et de la cuisine, pendant
l'absence de ma mère, écrivait-elle encore, et
je vous assure que c'était un glorieux essai.
Un dîner impromptu de robes noires, il n'en
fallait pas davantage pour mon peu d'expérience. Aussi je commence à estimer que ce
ne sont plus là de petites choses. Je les ai trou-
vées d'ailleurs fort agréables. ». . . . .

Le secret de ce bel enthousiasme, faut-il le dire? c'était qu'Eugénie avait pu, sous prétexte de surveillance, quitter le salon pour l'office, et y consoler de toutes ses tendresses une pauvre servante qu'un malheur cruel venait de frapper.

J'insiste sur ce détail, si indifférent qu'il paraisse, parce qu'il rend à la jeune fille sa vraie physionomie de douceur et de naïveté.

Car, après tout, Eugénie avait encore tous les charmes de l'enfance, autant par l'inconscience de ses rares qualités que par le naturel de ses petits défauts.

Et ceux-ci, pourquoi donc les passer sous silence ?... Pourquoi même ne pas les souligner ?

Quelqu'un disait, bien justement, que les péchés des saints seraient plus utiles à raconter, pour notre édification, que leurs vertus.

On reprochait donc à Eugénie, parfois tendrement, parfois un peu rudement, selon qu'elle avait affaire à sa mère, à ses oncles, ou à son grand-père, d'oublier, de disperser, de perdre même ce qui était confié à sa garde.

Pour une femme, le désordre est un gros péché.

Eh bien ! la conversion de l'enfant fut bien-tôt complète. En quelques mois, la petite dés-ordonnée était devenue la jeune fille la plus soigneuse et la plus attentive qui se puisse imaginer.

L'effort qu'elle avait fait pour se corriger était un de ces efforts que l'on pourrait dire souterrains, efforts dont nul ne s'aperçoit et dont la résultante finit par apparaître comme une qualité naturelle, alors qu'elle est une qualité chèrement acquise.

Il eût été bien malaisé de deviner, à travers le sourire d'Eugénie, ce qu'il lui en coûtait de faire perpétuellement abstraction d'elle-même pour se mettre au service de tout le monde et pour se lotir toujours de ce dont personne ne voulait. Ce singulier goût pour le mal-être allait jusqu'à lui faire choisir, mal-gré les supplications de sa mère, un petit lit

si mauvais, si étroit, qu'il eût fallu aller chercher son pareil chez les plus pauvres.

Que de choses seraient à rapporter encore,
et sur lesquelles je passe, de cette enfance que
l'on pourrait dire étrange, si on ne la disait
sainte! J'en veux pourtant citer encore l'extraordinaire ardeur d'Eugénie pour l'occu-
pation.

On la surprenait sans cesse, une aiguille à
la main, un livre ouvert devant elle, surveil-
lant les leçons de sa petite sœur et trouvant,
avec cela, le temps de répondre aimablement
à tous les oisifs qui, d'ordinaire, ont une si
cruelle inclination pour les gens occupés.

Devenue grande, cette petite sœur m'a
conté qu'elle avait rendu la tâche d'Eugénie
bien difficile. « C'était un chien de berger
qu'il eût fallu pour me garder, disait-elle,
tant j'étais indisciplinée, prête toujours à
m'échapper, à courir sur la glace l'hiver, à

me rouler dans le foin l'été et, pourquoi ne pas le dire ?... à me percher sur les arbres.

« Pour m'en faire descendre, il n'y avait qué les histoires qu'Eugénie excellait à raconter. »

Ce récit de la petite sœur traduit les contrastes charmants de cet intérieur de jeunes filles...

Et comment ne pas voir que c'était à cet étrange jeu d'escarpolette, si l'on peut ainsi dire, que l'âme d'Eugénie se formait ? Dans les couvents, le noviciat est-il autre chose qu'une sainte incohérence ?

Brusquement, on y descend des sommets du mysticisme dans les bas-fonds de la cuisine. Et puis on se hâte de remonter sur ces mêmes sommets en s'arrêtant indifféremment à tous les étages.

N'est-on pas sûr de trouver derrière toutes les portes auxquelles on frappe la volonté de Dieu ?...

Qu'importe alors l'humeur ou la décision de ceux qui les gardent ?... Qu'importent surtout les impressions que l'on éprouve soi-même en changeant de palier ?...

On peut donc puiser au hasard dans les papiers laissés par l'enfant. Elle s'y reflète toujours la même, qu'elle fasse un conte à sa petite sœur, qu'elle écrive la lettre que voici à un vieux parent, ou qu'elle s'en prenne, pour le paraphraser comme on le verra tout à l'heure, au plus ailé des sujets.

« Pensez-vous toujours à votre petite amie, mon cher oncle ? Je le crois, ou plutôt j'en suis sûre, à cause de la loi de réciprocité que le bon Dieu a bien voulu établir sur les mouvements de notre cœur.

« Pour ma part, je pense bien souvent à vous. Il me semble que je vous aime davantage tous les jours, et comme je crois que c'est Dieu qui m'a mis une telle affection au cœur, je m'y livre sans inquiétude et avec joie.

« Il y a des plantes qui sont destinées à

vivre ensemble et de la même sève. Ce sont
souvent les plus petites, les plus laides, les
plus faibles qui vont chercher les arbres les
plus beaux et les plus forts. Ne suis-je pas,
moi, votre petit parasite : lierre, mousse ou
lichen — qu'importe ?

« Tous les jours, je m'attache davantage à
mon cher et bienveillant appui; et maintenant
où serait le jardinier assez fort et assez bien
armé pour trancher les racines qui m'atta-
chent à vous ? » . . . .

. . . .

Cette lettre d'Eugénie diffère, n'est-ce pas ?
et heureusement, peut-être, du style parfois
trop soutenu de ses pages de travail. Mais
voici le fragment que j'annonçais naguère.
Ici, tout est léger, gracieux, charmant.

Il s'agit de l'*imagination*.

« ... De quel nom faut-il te nommer, écrit-
elle, capricieuse et puissante fée ?... Les uns

se rient de toi et méprisent tes œuvres, comme des illusions indignes de l'esprit de l'homme... Les autres t'aiment et te suivent, comme la compagne et le charme de leur vie.

« Pour quelques-uns, tu es la lumière qui leur découvre les beautés invisibles, ou la douce voix qui endort les misères de ce monde. Pour d'autres, tu es un tyran qui dévore, l'appel trompeur qui les pousse dans l'abîme, l'écueil où vont échouer leurs plus nobles facultés.

« ... Oh ! qu'es-tu donc ?...

« Je te connais. — Souvent, je t'ai rencontrée en moi, créant pour les yeux de mon âme des spectacles ravissants... Que de fois n'es-tu pas venue, dans mes heures de solitude, pour animer et embellir tout autour de moi !...

« Tu éveillais alors dans la nature comme un souffle d'harmonie et de beauté... J'entendais des voix mélodieuses dans le bruissement des feuilles et le murmure des insectes. Tout s'agrandissait devant moi, et il me semblait

que je voyais l'infini au delà de l'horizon enflammé du couchant ou du ciel étoilé des
nuits...

« Oh! comme toute la nature m'a semblé
ensuite froide, triste, sans vie, lorsque tu m'as
quittée !...

« N'est-ce pas encore toi qui parles si doucement au cœur de l'exilé, tandis qu'il écoute
en silence un chant de sa patrie, et qui lui
laisses entrevoir comme un mirage de son
bonheur passé ? N'est-ce pas toi qui crées
dans l'âme du poète et de l'artiste les visions
sublimes que leur génie nous révélera ?

« Tu es la première faculté qui se développe dans l'âme de l'enfant; tu ne t'endors
jamais, même quand tout notre être est enseveli dans le sommeil.

« Mais qui pourrait raconter toutes tes
opérations magiques? Quelles sont les bornes
de ton pouvoir ? quelle est ta véritable mis-
sion ? Imagination, imagination, qu'es-tu
donc vraiment ? ». . . . .

. . . .

Bien embarrassé serait plus d'un penseur de répondre.

Pour cette petite âme uniquement altérée de vérité et de lumière, le doute cependant n'est pas possible. L'imagination ne sera pour elle que «... la puissance qui l'emportera vers l'immatérielle Beauté... et la lui fera entrevoir par delà toute créature ». . . . .

. . . .

« O Imagination, conclut Eugénie, lorsque je te sens venir pour remplir mon âme de voix mystérieuses et de visions douces, ce n'est pas la triste réalité que j'aperçois dans tes images... C'est une nature plus belle que celle que mes yeux voient... C'est tout le bonheur dont j'ai joui ou que j'ai jamais rêvé... Tu reflètes toutes les affections de mon cœur, tous les rayons de vérité que mon intelligence entrevoit et qui dorent les mystérieux et ravissants spectacles que tu me fais contempler. »

. . . .

V

l y a des vertus de serre chaude
et des vertus de plein air. C'est
comme pour les plantes. Lors
même que ces vertus appartien-
draient à la même famille, s'appelleraient du
même nom, leur façon de fleurir est différente, selon le climat ou plutôt selon le milieu
où vous les rencontrez.

Vous trouverez donc, désormais, Eugénie
tout autre que vous ne l'avez vue dans la
maison de son grand-père. Elle va maintenant
habiter la province, où ses parents viennent
d'acheter un vieux château.

Comment ne rien dire de cette demeure, à laquelle on la verra s'attacher comme une petite plante, la pauvre enfant!... mais pour bientôt s'y dessécher... et mourir !...

Oui, l'habitation est de grande mine, mais son isolement la rend un peu triste. On aimait autrefois à vivre ainsi loin de tout village et de tout grand chemin. La construction se ressent de cette misanthropie; ni ses tours ni ses tourelles ne parviennent à égayer les grandes lignes mornes de son architecture.

A l'intérieur, les pièces sont immenses. Mais c'est en vain qu'au moment de l'arrivée d'Eugénie, vous y eussiez cherché le luxe qu'on y voit aujourd'hui.

Les corridors étaient sans fin. Le vent y prenait ses ébats, sans que rien le gênât pour faire le tour de la maison. Et, pourtant, ce vieux château avait alors, comme il les a encore, des regains de jeunesse. La vue, des fenêtres, est merveilleuse. Par delà les collines qui vallonnent les premiers plans, le regard embrasse les cultures, les prairies, qui strient le paysage comme un damier. Des bouquets de chênes, des massifs de sapins hérissent la plaine et la jalonnent jusqu'aux montagnes, qui, là-bas, bleuissent l'horizon.

Eugénie avait treize ans lorsque, pour la première fois, elle aborda cette terre qu'elle aima tant, et où l'on devait tant l'aimer aussi.

Jugez de ses premières impressions.

« ... Ma fenêtre est ouverte pendant que je vous écris... et je respire avec bonheur l'air chaud et bienfaisant des plus beaux jours de l'automne. Autour de moi, tout est comme voilé par une vapeur brillante où semblent sonner mille bruits joyeux et confus... Pas un souffle n'agite les arbres, à demi dépouillés déjà... Tout cela vaut le plus beau tableau que les hommes aient jamais peint... »

Et la lettre, commencée par une esquisse de paysage, s'achève sur une scène d'intérieur.

« ... Je voudrais, écrit-elle, que vous puis-

siez nous voir dans notre nouvel établisse-
ment. Le salon, avec sa grande cheminée
flamboyante, est devenu notre salle d'étude
et de travail. Nous ne le quittons guère. Nous
y passons de longues heures silencieuses et
occupées. La grande pièce prend alors une
apparence de calme presque monastique...
Notre vie, en effet, y est réglée, occupée comme
dans un couvent...

« C'est un charme de plus pour moi. Non
seulement je lis, je travaille, je pense aux
absents, mais je laisse mon imagination se
promener... beaucoup dans le passé, peu
dans l'avenir. Il est si obscur pour moi que je
ne puis mieux faire que de le jeter entre les
mains de Dieu. » . . . .

. . . .

Bien sérieuse s'annonçait donc la vie nouvelle de l'enfant. — J'imagine même qu'elle
fut bien vite blasée, et que, si elle ne dit pas
tout d'abord, comme certaine femme célèbre :
« J'*âsine* aux champs », elle ne fut pas longtemps sans le penser.

« ... Je vous ai peut-être avoué, écrivait-elle, mon goût pour la vie recueillie des champs. Mon cœur, quand même, s'en va bien loin au delà des montagnes lointaines qui bornent notre horizon. J'ai passé l'âge où l'idéal du bonheur est de se rouler dans les prairies, de se perdre dans les bois et de faire de petits ponts sur les rivières... Mon intelligence et mon cœur réclament, maintenant, leur grande part dans ma vie...

« ... Lorsque je songe à tout le bien que peut faire une femme vraiment chrétienne, au bonheur qu'elle peut donner... je ne sais plus s'il faut redouter ou désirer l'heure où mon tour viendra...

« ... Que Dieu me prépare lui-même au rôle que j'aurai à remplir ! » . . . .

. . . .

Avant même que d'être formulé, le vœu d'Eugénie semblait exaucé.

Dans cette vie si courte, l'intelligence et le

cœur devaient avoir leurs parts égales. L'intelligence d'Eugénie était citadine. Son petit cœur devint bientôt campagnard.

Jusque-là, à la ville, l'intelligence de l'enfant avait seule eu ses coudées franches, mais voilà qu'à la campagne, son cœur allait aussi pouvoir les prendre.

Que de fois on ne peut être aussi bon que son cœur! A la ville, par exemple, une jeune fille ne saurait être charitable qu'avec mille précautions, tandis qu'elle peut sans danger se risquer partout aux champs.

Qui, en effet, songerait à mal devant une enfant, trottant menu, ramassant de ses petites mains le bois mort qu'elle destine à ses pauvres, chargeant leur charrette et au besoin s'y attelant avec eux, pour amener le butin à la maison?

On m'a conté que, plus d'une fois, Eugénie avait voulu couper les fagots, au risque de se blesser avec la cognée, puis allumer elle-même le feu de ses pauvres, s'imaginant que la brassée de bois qu'elle venait de jeter dans l'âtre suffirait à préserver à jamais ses amis de la morsure du froid.

Mais c'étaient à chaque heure, pour l'enfant, de nouvelles et affreuses découvertes. Ses vieux amis grelottaient sous leurs blouses de toile. Ses petits amis marchaient pieds nus. Les portes des chaumières ne fermaient pas; aux fenêtres, les vitres manquaient, et la bise avait beau jeu avec toutes ces misères. Encore une fois, quelles découvertes! Dès lors, le matin, le soir, où qu'elle allât, on ne vit plus Eugénie sans un ouvrage entre les mains. La foi, dit-on, fait des miracles. Sa sœur, la charité, en faisait ici tout autant, grâce à l'industrie de l'enfant.

Comme sur la montagne jadis, les restes de la veille suffisaient à remplir les corbeilles du lendemain.

« Chaque année, m'a raconté sa sœur, nous assistions à ce petit miracle. A force de voir Eugénie donner, nous croyions ses armoires vides. Nous la croyions réduite à renvoyer sans rien les tard venus.

« Mais pas du tout. Elle donnait, donnait, donnait toujours. Et chacun emportait son petit paquet enveloppé de ses chères mains.

« La charité était devenue comme le *leit-motiv* de sa vie. »

Après le superflu, « cette petite chose pourtant si nécessaire », comme dit Joseph de Maistre, Eugénie se retrancha ce nécessaire lui-même et en vint à la privation. Réduite à la pauvreté de ses plus pauvres amis, elle n'en éprouvait que cette peine de ne pouvoir plus donner.

Heureusement, son grand-père était là pour jouer auprès de l'imprudente le rôle de la bonne Providence journalière.

Entre la petite-fille et le vieillard, on sait quelle tendresse existait, dès longtemps. Cette tendresse semblait redoubler depuis quatre ou cinq ans que le pauvre homme avait perdu sa femme. Dès lors, Eugénie était devenue l'héritière de toutes ses tendresses en déshérence. Les affections à la fin de la vie ressemblent aux derniers rayons du crépuscule qui, près de s'éteindre, dorent encore d'une lumière que l'on dirait attendrie tout ce qu'ils frôlent et caressent.

Le vieillard était toujours un peu rude, toujours un peu intimidant, et vraiment Eugénie avait seule la clef des trésors de bonté accumulés dans ce vieux cœur.

« Il n'y a qu'Eugénie, disait le grand-père quand il l'entendait frapper à sa porte... il n'y a qu'elle ou quelqu'un de ses pauvres pour entrer ainsi chez moi. »

« ... Quel envoi! lui écrivait certain soir l'enfant, après avoir défait un énorme ballot d'étoffes qui venait d'arriver... Que de malheureux nous allons chaudement vêtir, grâce à vous, cher bon-papa! Et quelle heureuse petite-fille que celle à laquelle vous faites une joie pareille! »

Lui, comptait bien sur cette reconnaissance dont il ne se lassait pas, quoique avec la plus adorable mauvaise humeur il se défendît de la mériter.

C'était, d'ailleurs, une plaisante manie chez le digne homme que de se targuer de pensées et de sentiments qu'il n'avait pas, comme, par exemple, d'un amour immodéré pour la campagne, alors que chacun savait combien il la détestait.

Aussi rien de plus amusant pour Eugénie et ses sœurs que de suivre, chaque fois que leur grand-père venait les voir, les phases — toujours les mêmes — par lesquelles passait son humeur bucolique.

Quand donc l'automne ramenait chaque année l'échéance du tribut d'admiration que le vieillard se croyait obligé de payer à la nature, on le voyait arriver dans un costume adapté aux circonstances. Aussitôt ses souvenirs classiques lui revenaient en foule, pour interpeller les bois, les montagnes, les cascades, les vallons, et célébrer le sort des trop heureux laboureurs.

Cet accès de lyrisme durait ordinairement

jusqu'au lendemain de son arrivée. Mais dès ce lendemain, l'impatience avec laquelle le vieillard attendait sa correspondance témoignait déjà d'un déclin dans son amour des champs. Il prenait sa canne, son chapeau, et allait au-devant du facteur. Le surlendemain, ce n'était plus du facteur qu'il s'agissait. C'était vers le bureau de poste que le vieillard se hâtait dès la première heure.

Eugénie ne se trompait pas à ce symptôme.

« Bon-papa va partir », disait-elle aussitôt. Et en effet il était bien rare qu'au quatrième jour de sa villégiature, le vieillard ne regagnât pas ses pénates à la ville, laissant derrière lui mille regrets, avec autant d'histoires inachevées.

Rien ne désolait Eugénie comme ces départs précipités. Il y avait à cela plus d'une raison. Nulle part, en effet, elle n'avait son grand-père autant à elle qu'à la campagne, et, le croiriez-vous, ce bon temps-là était mis à profit par la petite-fille pour rappeler le vieillard aux ferveurs de sa lointaine jeunesse... Ses quatre-vingts ans avaient été si occupés, et à tant d'autres choses!...

Aussi l'enfant n'avait-elle ni paix ni cesse que son grand-père ne revînt dès qu'il était parti :

« ... Si vous saviez, lui écrivait-elle, quelle douce température nous avons ici, quelle paix, quel silence, au dedans et au dehors, vous sentiriez certainement revenir vos désirs champêtres... Je voudrais inventer toutes les jouissances pour que vous vous trouviez bien ici... Venez vite, nous vous désirons tant! Laissez donc un instant les soucis de ce monde » — pour ceux de l'autre, semble-t-elle vouloir dire. Mais elle se reprend bien vite : — « pour la paix des champs. » . . . .

. . . .

Et quelle désolation dans cette autre lettre :

« ... Nous attendons mon grand-père ce soir... Voilà la pluie... et un horrible vent du midi qui nous amènera le déluge... Les feuilles jaunies tourbillonnent devant nos fenêtres, et les corridors commencent à retentir de leurs gémissements funèbres... »

Ce jour-là, en effet, le grand-père tant désiré ne vint pas. Heureusement pour lui, car il n'aurait pas reçu, s'il fût venu, cette adorable lettre de sa petite-fille :

« ... Enfin, dit-elle, il ne faut pas me plaindre... puisque le plaisir de vous voir serait peut-être maintenant à moitié écoulé, tandis que nous l'avons encore tout entier en espérance... Ah! personne ne peut vous aimer plus ardemment et plus respectueusement que votre petite Eugénie... Et vous voulez, je le sais, qu'elle soit toute sa vie votre enfant gâtée. Voyez-vous, mon cher bon-papa... si j'avais eu le bonheur d'être votre fils, je rêverais d'honorer votre nom et de continuer sa bonne réputation. Mais une pauvre fille n'a que son cœur à donner. Et il y a longtemps que vous avez le mien... »

Le cœur supplée à tout. Et je ne sache pas, en effet, une tradition qu'il ne puisse continuer. C'est par son cœur qu'Eugénie perpétuait celles dont elle était si justement fière. N'est-ce pas, d'ailleurs, le rôle réservé à la femme dans la famille que de continuer les traditions de cœur?

J'en sais plus d'une dont la vaillance à se prodiguer au secours des pauvres et au chevet des malades a valu la vaillance de leur père et de leur frère sur le champ de bataille.

Aussi, bientôt là-bas, pas un malade qui ne demandât Eugénie à son chevet, pas une misère qui n'appelât Eugénie à son aide, pas une plaie qui ne voulût être pansée par sa douce main.

Chaque matin, par exemple, et quelque temps qu'il fît, vous auriez pu voir l'enfant s'acheminer vers une masure où se mourait une vieille femme à qui ses quatre-vingt-dix-huit ans avaient presque enlevé sa forme humaine.

Une plaie hideuse achevait de dévorer ce qui en restait. Eh bien! Eugénie lavait, soignait cette sorte de larve. On la trouva un jour qui l'embrassait.

☙

Celle qui tant aimait Dieu se complaisait à le retrouver déchiré, crucifié, sanglant, dans cette misérable.

Et ce double amour divin et humain se confondait de façon si ardente dans le cœur d'Eugénie, que son visage en portait comme le double reflet.

Le sourire qui illuminait à la fois ses yeux et ses lèvres était si doux, si pénétrant, si compatissant, qu'estropiés et infirmes accouraient, dit-on, sur son passage pour l'entrevoir, et s'en allaient contents, quand ils avaient vu, comme on le leur a entendu dire tant de fois, « *le sourire de la sainte demoiselle* ».

Parfois, cependant, leur reconnaissance ne se tenait pas pour satisfaite à si peu de frais.

Alors l'expression qu'ils en prodiguaient à leur bienfaitrice la confondait.

Parlant d'une pauvre femme qui se traînait à ses pieds pour la remercier d'avoir sauvé la vie de son enfant :

« Je ne sais vraiment ce qu'elle me veut de me remercier ainsi, disait Eugénie... Elle devrait bien voir que je suis encore plus heureuse qu'elle. »

Et tout bas elle ajoutait, comme cette autre sainte qu'effrayait la reconnaissance :

« Mon Dieu, permettez donc que je fasse quelque chose dont vous puissiez me récompenser... »

VI

EPENDANT, il n'y aurait rien que de
banal dans cette existence d'Eugé-
nie, partagée entre la ville et les
champs, si à cette double vie, que
l'on pourrait appeler vie de l'intelligence et
du cœur, ne s'en ajoutait une troisième.
Celle-là, qu'on me pardonne ce nom étrange,
c'était une vie intérieure. Le terme est mystique, inintelligible, sans doute, pour bien
des gens; mais qu'y faire? Si une telle vie
était à la portée de chacun, rien n'eût diffé-
rencié Eugénie de tant de ses pareilles, qui

sont de petits phénomènes à la ville et de petits manteaux bleus à la campagne.

L'enfant qui, au jour de sa première communion, avait reçu les extraordinaires faveurs que j'ai dites, devait rencontrer, dans la continuation de ses rapports avec Dieu, de non moins extraordinaires vicissitudes.

Mais encore le Christ a dit que ces choses sont cachées au grand nombre. Peut-être est-il donc inutile de les révéler. C'est en effet à Dieu seul qu'il appartient d'initier ceux qu'il choisit à cette vie mystérieuse que souvent nul ne soupçonne.

Ces privilégiés font simplement, tranquillement les mêmes choses que font ceux qui les entourent. Leur but seul diffère.

A les voir agir, nul ne devine leur indifférence ou leur mépris pour ce qu'estiment et recherchent les autres. Nul ne devine que leur cœur est étranger à ce qui, d'ordinaire, occupe, préoccupe, passionne ce monde. Où donc vivent ces êtres étranges? Ils vivent simplement où Dieu veut qu'ils vivent, planant dans une atmosphère toute saturée de lui.

Telle était l'atmosphère où Eugénie avait vécu depuis sa première enfance.

Ses fortes études, bien loin de la distraire, n'avaient fait qu'aviver ses aspirations. Son esprit et son cœur, merveilleux attelage, l'emportaient plus que jamais maintenant vers les régions où elle découvrait Dieu.

Et dans sa continuelle préoccupation de lui, elle retrouvait parmi les plus infimes détails de la vie comme des rayons brisés de sa gloire. Passionnément elle se complaisait à les y chercher. Joies, souffrances lui devenaient un égal prétexte d'amour.

⚜

C'est ainsi qu'à travers les méandres de la vie l'âme s'affine, s'épure et se prépare à sa définitive union avec Dieu, car le sacrifice seul y mène.

Mais quels allègements ne faut-il pas à l'humaine nature, si terrestre d'instincts, si appesantie de besoins, pour s'envoler vers ces sommets !

Eugénie, qui dès longtemps avait abordé cette voie où, tour à tour, la crainte et la confiance accompagnent ceux qui y cheminent, se rendait compte maintenant que les dernières étapes vers cette douce intimité avec Dieu, à laquelle elle tendait, sont bien, rudes.

« ... J'ai doucement commencé ma vie chrétienne, écrivait-elle, mais la route se rétrécit... C'est la voie de la croix aujourd'hui... Me faudra-t-il y cheminer longtemps ?... Dieu seul le sait ! Que sa volonté soit faite !... Je vois l'avenir bien noir... »

La conscience n'est-elle pas à la fois l'hôte le plus doux et le plus terrible ? Tantôt elle emprunte la voix du remords, tantôt elle murmure la parole qui apaise... Mais que souvent aussi, trop vigilante sentinelle, elle jette plus que de raison le cri d'alarme !

Et voilà qu'alors mille inquiétudes, plus cruelles les unes que les autres, vous assaillent,

sapent la confiance que vous avez en Dieu...
troublent, agitent, désolent... Alors, plus un
instant de paix. Tout semble coupable. L'ennui écrase tout élan, toute prière; il semble
que chaque action ne fasse qu'ajouter son
poids, au poids de tant de fautes passées...

Eugénie, tout à coup, se voyait submergée
par ces détresses... et, comme il en arrive
trop souvent, elle rencontrait chez ceux qui,
par état, auraient dû avoir quelque pitié, plus
de rudesse que de compassion.

Il en est de certains directeurs comme de
ces médecins qui, pour remède, conseillent à
leurs malades de se bien porter et les ru-
doient de ne leur pas obéir.

« Le P. X*** frotte si fort les taches qu'il
finit par faire des trous », disait douloureuse-
ment Eugénie...

Mais encore y avait-il pour la malheureuse
enfant quelque chose de plus cruel que ces

inquiétudes et ces angoisses. Il s'était fait dans son âme comme un silence, comme une disparition de Dieu.

« Je n'ai plus, semble-t-il, ni crainte, ni amour, écrivait-elle. Si je veux ranimer ma piété par des lectures ou des prières, il me paraît que j'ai recours à une langue dont j'ai oublié le sens...

« Ma tête folle va si vite et si loin sur le chemin des désirs, des résolutions, et ma volonté est si faible pour la suivre, mon jugement si incertain, qu'il ne peut les mettre d'accord... enfin le démon et ma nature m'inspirent sans cesse mille répugnances pour mes devoirs... Mon Dieu, vous seul pouvez m'empêcher de tomber dans le désespoir. ». .

. . . .

On ne peut donner à certaines impressions cet affreux nom de désespoir. Le mot serait excessif. Mais on peut bien dire de ces impressions qu'elles sont comme les derniers soupirs de l'espérance.

« Mon Dieu! écrivait Eugénie dans son anxiété toujours croissante, prenez pitié de votre pauvre créature!

« A peine sais-je distinguer maintenant le bien du mal... Les lumières que vous aviez mises en moi s'éteignent... Malgré mon esprit qui s'échappe, malgré mon cœur qui n'a que du dégoût, malgré ma volonté même, je veux vous aimer. — Mais sur quoi m'appuierai-je, tandis que tout croule au dedans de moi? »

. . . .

. . . .

La théologie, d'ordinaire, n'est pas aussi rude que celle qu'Eugénie rencontrait au début de sa peine.

Toutefois, les théologiens auxquels, en désespoir de cause, elle alla demander un peu plus de compassion semblent la lui avoir refusée...

Ils suivaient trop à la lettre, peut-être, cette règle imposée aux directeurs de se montrer, sinon impitoyables pour les scrupules, du moins singulièrement rigoureux. Injuste cependant serait un blâme absolu, car, en fait de piété, il ne faut pas que l'âme se sensibilise en s'écoutant à l'excès. Dieu lui-même, sauf de rares exceptions, ne se prête pas aux désirs de l'âme avide de joies trop sensibles.

Et puis, dans le domaine spirituel comme dans les autres, les peines positives sont seules à rencontrer une véritable compassion. Celles d'Eugénie n'étaient pas de celles-là. Par leur vague, elles lassaient autant la patience de ceux qui cherchaient à y porter remède qu'elles les fatiguaient par leur durée.

⚜

Cependant, le temps passait et Dieu semblait se dérober de plus en plus... C'était maintenant, pour l'enfant, une souffrance ajoutée aux autres que de se souvenir des faveurs dont jadis elle avait été bercée. Ces ressouvenances du passé alourdissaient les détresses du présent de tout le poids d'un bonheur disparu.

« ... Moi qui étais si heureuse... écrivait-elle... je ne puis plus jouir de rien. Toujours quelque chose de triste, d'amer... alors que je devrais tant bénir Dieu des grâces qu'il m'a faites. La peine, la souffrance, partout à chaque heure... Qu'est-ce donc que ce fonds de révolte qui subsiste toujours au plus intime de mon cœur ?...

« ... Quelles joies, quelle vérité, quel amour ai-je donc trouvés ailleurs qu'auprès de Dieu, pour que je le quitte et l'offense si souvent ? »

. . . .

Oui, c'est bien ainsi que l'âme qui retombe sur elle-même après avoir entrevu Dieu, se juge, se confond, se condamne...

Certes, Eugénie n'était pas plus coupable aujourd'hui qu'hier... Mais elle avait compris tout à coup, en se sentant livrée à elle-même, ce que la nature humaine a de faiblesse et combien ces faiblesses contrastent avec l'infinie sainteté de Dieu...

Et comme il arrive toujours aux inexpérimentés, elle confondait le penchant au mal avec le mal lui-même... ou plutôt, comme disait saint François de Sales, « le cliquetis des armes avec le frifillis des feuilles... ».

« ... Pensez, écrivait Eugénie, à toutes les grâces que j'ai reçues, et vous comprendrez combien je dois me trouver coupable...

« Parfois je me sens dans une si grande terreur de la justice de Dieu qu'il me semble déjà avoir un pied dans l'enfer. » . . . . . .

. . . .

Dieu, alors qu'elle était toute petite, lui avait parlé de sa plus douce voix, dans les fleurs, les plantes, les papillons... Et elle l'avait écouté avec ravissement, la chère prédestinée.

Mais qui ne sait que « la tempête est aussi le ministre de ses volontés » ? . . . .

. . . .

Aux âmes fortes Dieu réserve ces secousses terribles ; aux cœurs intrépides il faut ces orages qui menacent de tout engloutir, jusqu'à l'espérance... Comment vivre sans Dieu après l'avoir entrevu ? Et comment le retrouver, comment oser même lui adresser un cri de détresse, quand ses suprêmes châtiments semblent justement encourus?

Comme l'oiseau meurtri, ensanglanté par le heurt continuel contre le barreau qui l'emprisonne, Eugénie retombait, brisée, dans l'impuissance de ses désirs. . . . .

. . . .

Malgré d'héroïques efforts faits pour dissimuler sa souffrance, la souffrance de l'enfant se trahit bientôt par l'amaigrissement et la pâleur de son visage. Chaque jour, chaque heure ajoutaient à cet amaigrissement et à cette pâleur, et tous se demandaient quelle était la cause de ce mal étrange. Seule, la mère d'Eugénie ne s'y trompait pas.

Son instinct maternel lui disait que le cœur de son enfant appelait... « La vie n'est-elle

pas, selon ce joli mot, un silence où le cœur
appelle toujours...? » La mère seulement
s'étonnait que le cœur de son enfant ne s'a-
dressât pas à elle...

Mais, sans se plaindre, elle attendait qu'il
parlât... Dieu n'a-t-il pas placé les mères près
des enfants pour attendre le bon plaisir de
leurs confidences heureuses ou douloureuses ?

Qui jamais saura l'héroïque abnégation
de celle-ci ? Que de fois elle avait dit à Dieu :
« Cette enfant est à vous,... non pas à moi... » !

Aussi ne chercha-t-elle pas l'humaine joie
d'une confidence filiale dans les questions
timides qu'elle adressa à sa fille, le jour où,
surmontant enfin le respect que lui inspirait
ce mystère de souffrance, elle se décida, selon
sa propre expression, « à entr'ouvrir le taber-
nacle »...

Eugénie fondit en larmes.

A bout de forces, l'enfant révéla le martyre
qu'elle endurait « de ne pouvoir aimer Dieu
comme il méritait d'être aimé... ». Durement
elle se reprit, elle s'accusa — quelle pitié ! —

« non seulement d'aimer trop sur cette terre...
mais d'être trop aimée ».

Pauvre petit cœur où s'envenimait la plaie
qu'une esquille empêchait de se cicatriser !

.   .   .   .

Elle se cicatrisa pourtant.

Une main douce, charitable, experte entre
toutes, une main maternelle l'avait débridée,
cette plaie... Comme elle saigna !... Il semble
que quelques gouttes de ce sang aient fait
pitié au bon Dieu.

Et voici qu'en effet un cantique d'amour
succède aux cris désolés de tout à l'heure.

La divine messagère qu'est la souffrance a
accompli son œuvre... Elle a rapporté à l'enfant les joies disparues et tant regrettées de sa
première communion...

« ... Oui, c'étaient bien, écrit-elle, les
mêmes émotions de cette inoubliable journée... c'était ce même bouleversement, ce
même silence de tout mon être devant mon
Maître et mon unique Bien-Aimé...

« Ineffables délices de l'amour divin ! Miséricordes de mon Dieu, du Dieu qui réjouit ma jeunesse, vous êtes trop grandes pour le cœur d'une enfant !

« Que tout l'univers regarde et loue Dieu avec moi. J'étais comme un néant dans ma bassesse et ma misère, et il est revenu à moi. Il m'a parlé, et mes yeux se sont rouverts, et j'ai compris et j'ai aimé, moi aussi !

« Mon Dieu, en face du passé que vous avez purifié dans votre sang adorable, en face de l'avenir qui s'ouvre devant moi tout brillant de vertus, de dévouement et d'amour... je me jette de nouveau et pour toujours dans le sein de votre miséricorde. ». . . . .

. . . .

Quelles choses admirables Dieu sait faire avec la douleur !

VII

Sɪ tous les grands mystiques ont été — qu'on me pardonne cette expression — les outranciers de la charité, c'est qu'ils ont éprouvé eux-mêmes l'outrance de la douleur. De là, rien d'extraordinaire à ce que leur compassion soit elle-même infinie et qu'elle déborde plus encore sur la souffrance morale que sur la souffrance physique.

Il serait évidemment excessif de hausser Eugénie au rang de ces mystiques; il n'en est pas moins vrai, cependant, qu'elle eut, au point de vue de la souffrance morale, quelque chose de leurs angoisses, et que de là lui vint aussi quelque chose de leurs sublimes compassions.

Nous l'avons vue tout à l'heure baiser des plaies rebutantes...

Nous allons la voir, avec une ardeur non moindre, s'appliquer à détruire les misères morales, qui, hélas ! foisonnaient autour d'elle...

Eugénie avait, pour les découvrir, ce don particulier d'une seconde vue, si l'on peut ainsi dire, qui sonde les cœurs et les consciences. Elle semblait y lire à livre ouvert.

Elle avait avec cela une si puissante facilité d'assimilation qu'on eût dit, à l'entendre parler aux enfants, aux ouvriers, aux mères de famille, qu'elle vivait et avait toujours vécu de leur vie. Ses propos, d'une infinie justesse, se modelaient sur les plus infimes particularités de chacune de ces existences si diverses. Rien surtout de ce qui les pouvait ternir et ravaler n'échappait à son inquiète charité.

« A force de vivre de la matière et pour la

matière, écrivait-elle, les gens de la campagne perdent toute espèce de sentiment... Il ne faut pas vivre longtemps de la vie des champs pour revenir de toute idée pastorale... La misère, l'ignorance, l'abrutissement y sont immenses... Et personne ne vient à la rescousse... Personne ne se doute du bien qu'il y aurait à faire là... Quel merveilleux horizon, cependant, pour un cœur chrétien!... »

Oui, elle allait se dévouer sans compter à cette œuvre de rédemption. C'était le dérivatif que Dieu, dans sa bonté, donnait à l'épreuve dont il s'était plu à affliger ce cœur d'enfant. Mais dans ce creuset terrible ce cœur s'était épuré, son dévouement y avait grandi, sa piété s'y était fortifiée, et son humilité, son abnégation étaient devenues plus entières. En se dégageant de toute affection, de toute impression même de sa propre personnalité, Eugénie s'était réellement préparée à l'apostolat auquel l'appelait sa destinée.

Il est difficile de comprendre comment à ses mille occupations, à ses études, à sa surveillance, à ses bonnes œuvres, si nombreuses déjà, elle put ajouter les nouveaux devoirs d'une maîtresse d'école.

Tout d'abord, Eugénie avait commencé par appeler quelques petites filles autour d'elle. Il s'agissait de leur apprendre le catéchisme. Bientôt elle y avait ajouté la lecture, l'écriture, le calcul. Et pas plus l'inintelligence que la vulgarité de ses élèves ne paraissait faire sur elle la moindre impression. Pour Eugénie tout cela n'était rien.

« Son seul regret, me disait sa sœur, était d'encombrer le petit salon de famille de sabots, de parapluies, de vieux manteaux mouillés... Sans cesse elle demandait pardon à notre mère de cet encombrement...

« Ah! ce petit salon où nous avons vu Eugénie travailler, agir, resplendir plutôt de

son infinie charité, quel souvenir nous en
avons gardé!...

« Il s'ouvrait au bout de trois salons immenses et était meublé simplement de quelques fauteuils et de quelques chaises couverts
d'une étoffe bleue et blanche. Tout au fond,
il y avait un sofa sur lequel les plus petites
élèves de la classe improvisée se roulaient
sans pitié.

« Une statuette de la sainte Vierge, qu'Eugénie avait achetée à un petit colporteur italien, surmontait la grande table du milieu.
Trois autres tables plus petites se cachaient
dans les coins. C'était là que travaillaient les
enfants. Pour elle-même, Eugénie s'était réservé un chevalet et une autre table couverte
de tous ces morceaux d'étoffe qui, sous ses
doigts de fée, devenaient de merveilleux vêtements.

« C'est dans ce milieu disparate, — car je
n'ai parlé ni des livres, ni des cartes de géogra-
phie, ni des cahiers qui encombraient les
autres meubles, — qu'Eugénie passait de

longues heures, tous les jours... essayant d'élever ces pauvres intelligences en descendant jusqu'à elles... »

Ce fut merveille bientôt de voir les natures les plus ingrates s'épanouir, comme fleurissent parfois sous un rayon de soleil inespéré les plantes qui semblaient condamnées à ne jamais fleurir.

Tel était le talent de la jeune fille pour enseigner, si claires étaient ses méthodes, qu'en quelques mois ses élèves les moins bien douées savaient presque toutes lire et écrire.

Mais ceci n'était rien encore près de l'ascendant moral qu'exerçaient sa parole, son geste, son regard. Un mot d'Eugénie, un encouragement suffisaient pour orienter vers le bien toutes ces petites intelligences qui si miraculeusement éclosaient à sa douce parole.

Grâce à l'enfant, l'église se repeuplait. Aux jours de fête et de dimanche, les bancs y étaient maintenant trop étroits. On eût dit, sous la voûte lézardée, comme un retour d'hirondelles au printemps.

Hélas! la bise, en effet, y avait longtemps soufflé.

C'était une de ces églises délabrées telles que vous les rencontrez encore çà et là dans la campagne. Jadis triomphant sur le clocher, le coq y vacille maintenant, déteint et déplumé. Le lierre y masque à peine des alvéoles inquiétantes. Les voussures du plafond bâillent. Les fentes s'élargissent et les murailles tremblent quand sonne la cloche fêlée. Aux fenêtres manquent des carreaux. Sur l'autel, qui penche tristement, les bouquets sans forme et sans couleur s'effeuillent dans leurs vases dépareillés.

Il n'y a plus d'eau dans le bénitier, car le

bénitier fuit. Les bancs craquent, les chaises laissent pendre tristement leur paille échevelée. Enfin l'humidité achève ce que le vent et la poussière ont laissé intact dans la pauvre masure, où tout sent la moisissure et le vieil encens.

Telle était la ruine qui servait d'église làbas, dans le village où maintenant demeuraient Eugénie et ses parents. L'enfant se désolait d'une telle misère et cherchait à faire partager sa désolation à son grand-père. Mais lui s'y montrait peu sensible et ne voulait pas comprendre ce que sa petite-fille désirait.

« Pourquoi reconstruire une église ?

« A chacun son métier, disait-il.

« ... Laissons les vers aux poètes, les confitures aux Visitandines, les grandes dévotions aux grands dévots... »

Quant à lui, sa vocation n'était pas de porter la bannière de leur confrérie.

Et pourtant, grâce à Eugénie, la misérable église voyait chaque dimanche quelque nouveau visage ; les parents y suivaient leurs en-

fants, et les vieilles habitudes religieuses, tout
doucement, se reprenaient à reverdir.

Dans cette renaissance, une chose cependant était singulière : seules, les jeunes filles
de dix-huit à vingt ans demeuraient récalci-
trantes à l'entraînement. Occupées six jours
durant au tissage de la soie, elles ne songeaient,
le dimanche, qu'à se dédommager du rude
labeur de la semaine.

La plupart d'entre elles, d'ailleurs, ne
savaient rien du catéchisme et semblaient
même rebelles à toute instruction.

Eugénie, on le croira sans peine, ne pouvait être longtemps l'inactif témoin de cet état
de choses si pitoyable. Un saint prêtre, d'ailleurs, venait de lui suggérer l'idée de créer
une école du dimanche. L'ancien couvent,
situé tout proche de l'église, pouvait, dans sa
pensée, servir de premier asile à l'œuvre.

« Je vais tâcher, écrivait Eugénie quand

elle se fut résolue à agir, je vais tâcher d'occuper au moins pendant quelques heures, le dimanche, bon nombre de celles qui ont de fortes tentations de courir et de faire mille choses que je n'ai pas envie de savoir. Je me sens tout à fait incapable de les convertir; mon rôle se bornera tout modestement à amuser les jeunes filles pour les occuper. Après cela, Dieu fera ce qu'il voudra de cette petite œuvre. Ce qui m'encourage à la poursuivre, c'est que l'idée n'en vient pas de moi... »

Quelqu'un disait que les talents et les qualités destinés à servir au bien et au bonheur d'autrui restent trop souvent enfouis et peuvent se comparer à des lettres charmantes qui ne sont pas envoyées.

Ici, grâce à Dieu, tout arriva bientôt à son adresse. L'école était à peine ouverte qu'Eugénie y régnait en toute souveraineté. Les êtres les plus frustes sont encore parfois sensibles au dévouement!

De tout son cœur, Eugénie renonçait à ce qui pouvait l'intéresser elle-même pour ne songer qu'à ce qui pouvait intéresser ces pauvres filles : lectures, jeux, récits, tout était mis en œuvre.

On se souvient encore, là-bas, de sa façon charmante de raconter.

« ... C'était si beau, disait une de ces jeunes filles, que quand la demoiselle parlait, on eût dit que des perles et des diamants s'échappaient de sa bouche... »

Oh ! non pas qu'Eugénie se recherchât dans ce qu'elle avait à dire. L'idée de déclasser ces humbles filles lui faisait horreur. Elle voulait aux champs et à l'atelier celles que Dieu y avait fait naître.

Son seul objectif était de rendre plus léger entre leurs mains l'outil qu'il y avait placé.

Ce n'était donc pas seulement la résignation que l'enfant prêchait à ses enfants. Elle cherchait par-dessus tout à leur faire entendre la prédilection de Dieu pour les pauvres.

Mais à ce but si grand, la seule réunion du dimanche ne pouvait évidemment suffire.

Bientôt Eugénie le comprit. Et dès qu'elle

l'eut compris, sa vie vraiment ne sembla plus lui appartenir.

Sans qu'elle y eût pris garde, sa chambre, son salon étaient devenus le refuge, le port où abordaient les misères de tout ce petit monde, et jamais cependant elle ne parut importunée par l'afflux de toutes ces confiances, bien indiscrètes parfois.

En cela elle ressemblait un peu à ce bon saint qui donnait toujours au même pauvre, sans avoir l'air de le reconnaître. « Peut-être, disait-il, et Eugénie disait comme lui, le bon Dieu veut-il savoir qui se lassera le premier, le pauvre de demander, ou moi de lui donner. » . . . .

. . . .

Les résultats ainsi obtenus tenaient du prodige et confondaient les plus expérimentés. Où donc Eugénie trouvait-elle l'admirable équilibre de ses raisonnements, la parfaite justesse de ses vues, l'infaillibilité de ses décisions ?

Il me serait assez difficile de l'expliquer, si

je ne me rappelais l'histoire d'une sainte
abbesse que l'on voyait, par un temps de
disette, distribuer aux pauvres du blé qu'elle
n'avait pas.

Et comme on s'en étonnait : « Vous ne
voyez donc pas, disaient les malheureux, que
la sainte dame tire tout cela du grenier de ses
oraisons? » . . . .

. . . .

C'était bien de ce même grenier qu'Eugénie tirait les trésors qu'elle distribuait ainsi
sans compter.

Presque tous les jours, et à certaines heures, quels que fussent au salon l'intérêt ou le
plaisir, on la voyait disparaître. Si quelqu'un
se fût avisé de la suivre, il l'aurait vue se diri-
ger à travers les longs corridors, vers l'une
des tours de la vieille demeure. On l'appelait
« la tour du Diable », et c'était, par une singulière antithèse, précisément dans cette tour
que logeaient Eugénie et ses sœurs.

Oui, c'était là que des rideaux blancs enchâssaient leurs couchettes, et qu'au-dessus

d'elles, ils encadraient une douce image de la Vierge devant laquelle, matin et soir, les jeunes filles priaient.

Mais quand les cadettes s'étaient envolées, l'aînée restait. Et pendant des heures, immobile, les mains jointes, — on l'eût dite en extase, — elle continuait à prier.

« Seigneur ! disait-elle, — ceci était une de ses prières accoutumées, — Seigneur ! vous connaissez toutes choses, et vous savez mon indignité. Inspirez-moi cependant selon votre volonté. Faites que je sois entre vos mains un instrument docile. Faites-moi la grâce de connaître et de faire connaître votre volonté bien-aimée.

« Daignez jeter un regard sur tous ceux au milieu desquels votre Providence m'a placée... Mon Dieu, mon Dieu, mon cœur vous appelle ; ne m'écouteriez-vous pas pour toutes ces âmes que je voudrais sauver au prix de ma vie ? Faites que nous soyons unis dans votre immense charité... Que nous vous aimions tous, vous qui seul êtes digne d'être aimé ! »

. . . .

Hélas ! trop fervente, trop touchante était la prière pour n'être pas exaucée. Quatre des élèves qu'Eugénie avait formées, plus pour le ciel que pour la terre, moururent en moins d'une année. La beauté de l'une d'elles était vraiment merveilleuse.

« Cette enfant-là, a écrit la mère d'Eugénie, était l'élève chérie de ma fille ; elle l'avait ramenée de bien loin dans le droit chemin. Belle à ravir, et fort légère autrefois, sa légèreté s'était convertie en une ardente piété. »

Rien de plus touchant que de voir auprès de la malade son ange gardien, — car Eugénie était-elle autre chose... alors que, resplendissante de toute son innocence, elle encourageait le repentir et l'espérance de la mourante ?

« Oui, mademoiselle, disait celle-ci, oui, le ciel... mais le ciel à côté de vous... Venez, venez. — Vous me suivrez, n'est-ce pas ? bientôt... Quelle belle place je vous garderai ! Déjà, je la vois là, tout près de moi. »

. . . .

Et dans cette chose horrible qu'est la mort, elles en venaient, ces deux enfants, à ne voir que la réalisation de leurs communs désirs... Pour elles, l'heure dernière n'était plus que l'heure heureuse où « se révéleraient à elles toutes les beautés entrevues ».

Eugénie suivit à sa dernière demeure la repentie morte comme une sainte... Sans doute, au bord de cette fosse, elle comprit que son heure, à elle aussi, ne tarderait pas beaucoup à sonner ; car, au retour du cimetière, sa mère remarqua son visage tout baigné de larmes étranges, larmes de ferveur, de désir, et non de douleur... larmes que pleurent ceux qui ne comprennent que deux vies... celle de l'union intime avec Dieu sur la terre... ou celle de la vision béatifique au ciel. A voir Eugénie dans cet instant, on sentait qu'entre ces deux vies l'échange ne tarderait pas.

« ... J'eus comme la certitude de sa fin prochaine, a écrit sa malheureuse mère. Quelque chose au fond du cœur me disait : La morte la demandera ; déjà, peut-être, elle l'appelle... Toute tremblante, je me jetai à genoux, en disant à Dieu ce que je lui avais déjà dit tant de fois : Elle est à vous, non pas à moi ! Faites d'elle, mon Dieu, ce que vous voudrez !... tout ce que vous voudrez ! Et remontant en voiture, je séchai les larmes de mon enfant avec mes baisers... la tenant embrassée pendant tout le trajet du cimetière à la maison. » . . . .

. . . .

VIII

Il semble qu'il en soit de notre vie comme de cette plante aux longues feuilles effilées, épineuses, qui n'a qu'un jour de fête dans les cent années de son existence : celui où elle fleurit... Plante étrange et triste qui meurt dès qu'elle a jeté sa fleur vers le ciel...

Oui, comme l'aloès, la vie, dit-on, ne fleurit qu'une fois, et fleurit tard, — c'est-à-dire quand elle va s'éteindre.

Mais qu'elle est belle cette floraison dans une âme prédestinée comme celle d'Eugénie !

Pour elle, le signal de cette suprême floraison fut un voyage en Italie qu'elle fit l'année
même de sa mort.

Il y eut, au dire de ceux qui l'entouraient
au cours de ce voyage, une véritable trans-
formation dans cet être déjà si parfait. Tout
s'anima, tout se colora chez l'enfant. C'était
bien la fleur qui s'épanouit quand la plante
va mourir...

Le sentiment, le goût de l'art étaient innés
chez Eugénie. Une âme ne peut guère être
éprise de dévouement sans l'être en même
temps d'idéal.

Mais c'était vers l'idéal divin que tendait,
chez la jeune fille, l'art tel qu'elle le comprenait. A la science elle n'avait demandé que de
lui faire connaître Dieu. C'était lui seul aussi
qu'elle entendait chercher dans les sublimes
harmonies de l'art.

« C'était merveille de l'entendre, a écrit sa
mère, quand, assise à son piano, elle se per-
dait dans les mélodies du Père Hermann.
Seule, cette musique d'un sentiment si pur,

si élevé, si délicat, exprimait la pensée de cet être angélique.

« ... Alors qu'emportée par son rêve elle laissait courir ses doigts sur le clavier, son visage s'animait d'une expression tellement céleste que les larmes montaient aux yeux de ceux qui la regardaient.

« On eût dit la douce martyre sainte Cécile à la veille de ses noces éternelles. »

Retrouver dans d'immortels chefs-d'œuvre l'éternelle beauté, voilà ce que voulait Eugénie. Ses lectures et ses études sur l'Italie lui en avaient donné l'espérance.

« J'ai bien longtemps, a-t-elle écrit au retour de ce voyage, rêvé de l'Italie... J'en ai joui avec ivresse... Joies et rêves, aujourd'hui, tout est passé. L'heure des souvenirs est venue. Il ne faut pas laisser s'envoler dans l'oubli ces belles et douces visions... Je veux essayer de repasser dans mon cœur les leçons adorables que j'en ai reçues. » . . . . .

. . . .

L'enfant s'est tenu parole, elle a noté ses

souvenirs. En voici quelques fragments. Ah !
les impressions y sont vives. C'est une âme
qui déborde...

Quelle différence entre le style dont Eugénie écrit aujourd'hui et celui dont elle
écrivait hier !

Hier, c'était encore, parfois, ce style de
jeune fille qu'un critique appelait « le style
robe blanche »...

... Aujourd'hui, la plume que tient l'enfant
est devenue un pinceau.

❧

« ... Les jours de départ — c'est ainsi que
commence le récit — sont toujours tristes. Ce
jour le fut pour moi, peut-être plus que pour
les autres. Les mots magiques de Rome et
d'Italie, que nous répétions entre nous, soulevaient bien dans mon cœur un flot de désirs
et de rêves. Mais la réalisation de cette joie
tant souhaitée et si peu espérée m'effrayait,
me donnait presque des remords. Peut-être

devrais-je dire des pressentiments !... Puis, toutes les tristesses des derniers adieux s'ajoutaient à ce trouble pénible et mal raisonné. Le temps était gris et terne comme mon âme, et un brouillard glacé nous enveloppait. » . .

. . . .

Les voyageurs avaient pris leur route par la Provence. Peu à peu le triste brouillard disparaissait, chassé par le mistral, et le ciel se faisait radieux.

« Ce fut une grande joie, accompagnée dans mon cœur d'une admiration intraduisible, reprend Eugénie, que de voir les oliviers gris, sous le ciel bleu, avec les rochers blancs et rouges, tout cela encadrant la mer si belle au soleil.

« Je ne puis m'expliquer le charme qu'a pour moi cette nature sauvage et brûlée de la Provence. Mille impressions douces me montent au cœur avec le parfum du thym et du romarin qui couvre ces rochers dépouillés, et je sens mon âme s'agrandir devant les horizons sans bornes de la mer. » . . . .

. . . .

Les voyageurs traversèrent Draguignan, ensuite Fréjus. Puis, il leur fallut prendre des chevaux de renfort pour passer la montagne de l'Esterel.

« Là commença, avoue naïvement Eugénie, la série de nos terreurs. Ce ne sont plus les rochers hardis et dépouillés de la Suisse. Mais c'est un chaos de pentes rapides et uniformes, couvertes de romarins et de bruyères. De temps en temps, la mer nous apparaissait entre deux sommets, comme une éclatante plaque de nacre... Nous arrivons enfin au point culminant. Au milieu d'une grande et solitaire prairie s'élève une petite maison. A côté, un troupeau de chèvres erre sous la garde d'un vieux berger drapé dans un manteau brun. Il nous regarde passer, appuyé sur son bâton, et sa vue réveille dans mon imagination mille souvenirs. J'avais reconnu ce fier et noble type des bergers italiens, avec lequel tous les peintres nous ont familiarisés dès l'enfance... »

Eugénie reprend ensuite ses descriptions rapides comme son voyage. L'air, la vie, la lumière y circulent comme dans les tableaux de maître.

Les voyageurs ont passé, « non sans frémir », à côté des abîmes qui bordent les pentes de l'Esterel. La descente commence...

« Elle est moins rapide, moins sauvage que la montée. Les chênes-lièges à la noire écorce reparurent d'abord, puis les oliviers, et une plaine d'une richesse incomparable s'ouvrit devant nous. En s'abaissant à l'horizon, le soleil l'inondait et l'enveloppait d'une vapeur lumineuse.

« Devant nous s'élevait la petite ville de Cannes, adossée à des pentes couvertes d'oliviers, doucement caressée par les flots de la mer et dominée par des sommets neigeux, derniers reflets de la nature alpestre en face des splendeurs naissantes de l'Italie. » . . .

. . . .

A partir de Cannes, la route court dans d'immenses forêts d'oliviers dont les rameaux

légers et capricieux cachaient aux voyageurs
les teintes chaudes du couchant.

« Nous regardions avec ravissement cette
nature si riche et si nouvelle pour nous, continue Eugénie. Tout excitait notre curiosité,
jusqu'aux groupes de paysannes qui revenaient des champs, portant sur leur tête le
petit mouchoir et le chapeau pointu des
femmes de Nice.

« Enfin, nous traversons sur un pont de
bois une large rivière à moitié desséchée. Il
faisait nuit. Le vent agitait les feuilles le long
de la route... la lune n'éclairait qu'une grande
plage basse et sablonneuse. . Et, cependant,
tout ce que je voyais, tout ce que j'entendais
me donnait de l'émotion... O Italie! c'était ton
sol que je foulais! C'était ton haleine qui caressait mon visage! O patrie de la foi et du
génie, douce terre que j'avais tant aimée, tant
désirée, avec quels transports je m'élançais
vers toi! » . . . .

. . . .

Il faut aimer l'Italie malgré tout, car n'est-ce pas là, mieux encore qu'en Grèce, que s'est fait le plus beau rêve de l'humanité?

Comment, en effet, ne pas rêver le bonheur entre l'azur de l'eau et l'azur du ciel... entre les merveilles du passé et les splendeurs du présent? Non! le rêve de l'Italie, malgré ses malheurs et ses fautes, ne sera jamais de ceux qui disparaissent avec l'aube.

« Bientôt la magie des grands souvenirs allait s'ajouter, écrivait Eugénie, à l'enthousiasme qu'éveillait en moi l'admirable nature italienne. »

C'est à Gênes que, pour la première fois, « elle prit possession de ce monde de l'art et de l'idéal que le génie a su créer sur ce sol enchanté »...

« Il y a vraiment quelque chose de solennel dans cette première initiation de l'âme aux éternelles merveilles du génie et aux grandes leçons du passé! écrivait-elle.

« Je voudrais mieux connaître cette époque disparue, qui ressemble si peu à notre état présent. Mais je ne vois que l'extérieur... Tout éblouie, je regarde les œuvres immortelles sorties de ce foyer brûlant, comme on voit passer les étoiles filantes, sans rien savoir de leur origine et de la raison de leur existence... »

Mais à peine est-elle entrée dans les églises de Gênes que cette impression de l'inconnu disparaît.

Toute petite, elle avait déjà dit : « Je vois des choses que les autres ne semblent pas voir... »

Il en était encore de même. Sous son regard, tout s'animait, se peuplait, en quelque sorte, d'êtres réels qu'elle seule découvrait comme dans une vision.

La voici à l'*Annunziata*.

« ... Je suis restée, écrit-elle, comme fascinée par ce luxe de dorures et d'ornements auxquels nous ne sommes pas habitués en France.

« Puis, j'ai laissé mes regards errer sur les peintures autour de moi. Partout des légions d'anges, de saints, de martyrs, à genoux sur les nuages, chantaient la gloire de Dieu. Peu à peu, il me semblait que toutes ces têtes, créées par le génie de la foi, s'animaient devant mes yeux. Je les sentais vivre; je les entendais me parler des secrets du Ciel... C'était comme une vision du Paradis. » . . .

. . . .

A Gênes, c'était le Paradis, ou plutôt un rêve du Paradis. Mais le rêve s'évanouissait pour céder bientôt la place à des réalités qui, à Pise, devant les fresques d'Orcagna, se faisaient terribles.

« Longtemps je suis restée devant ces peintures, écrit Eugénie. Mes yeux et ma pensée allaient alternativement de cette sombre figure de la Mort frappant la jeunesse, le plaisir et l'espérance, aux tombes et aux ruines qui, dans ce merveilleux Campo-Santo, m'environnaient de toutes parts.

« Il y avait bien là la plus effrayante réalisation du triomphe de la Mort. Les hommes qui avaient rapporté de Palestine cette terre vraiment sainte, le peintre qui avait tracé ces terribles images, les générations qui avaient passé devant elles, tout était tombé sous la faux cruelle. Je la sentais levée sur moi et sur les miens. Cette pensée était effrayante, mais elle n'était pas sombre. Elle ne me désespérait pas. A côté de ces cadavres, je voyais la figure de l'âme, sous la forme d'un petit enfant, s'envolant vers l'éternité, et je comprenais que, pour le chrétien, la mort n'est qu'une nouvelle naissance. ». . . . .

. . . .

L'antithèse est juste pour qui se place dans l'exclusif domaine de la spiritualité, juste comme l'est aussi cet autre aphorisme « que l'on peut aimer la vie et désirer la mort ». Mais qu'il est difficile de se maintenir à de telles hauteurs! C'était aux dépens de ses

plus intimes tendresses qu'Eugénie allait découvrir la poignante vérité de ce proverbe
italien : « *Altro e di parlar di morte, altro
di morir.* » Ici, on aurait pu dire : « Autre
chose est de mourir, autre chose est de voir
mourir qui l'on aime. »

Peut-être, en effet, Eugénie fût-elle morte
joyeusement à Pise ; mais de son héroïsme
il ne restait rien, quelques jours plus tard,
lorsque, arrivée à Florence, elle vit sa mère
tomber gravement malade. . . . .

. . . .

« Ah ! ce fut une cruelle épreuve, écrit-
elle... Toutes mes joies, depuis mon arrivée
en Italie, m'y avaient bien peu préparée...

« ... Comme j'ai compris alors que l'ivresse
de l'esprit et de l'imagination ne sont et ne
peuvent être qu'une exception dans la vie !...
Devant toutes mes inquiétudes, mes chagrins,
mes angoisses, l'Italie s'est subitement dépouillée de son prestige. Les souffrances de
ma mère !... il n'y avait plus que cela... et
elles me faisaient tant de mal !... »

L'âme ne reçoit-elle pas encore plus de reflets qu'elle n'en donne ?

Que l'événement change, et les plus mystérieuses profondeurs de nous-mêmes s'éclairent aussitôt d'une lumière différente.

Soudain ce pays, qui naguère la ravissait, n'apparaît plus à Eugénie que « comme une terre étrangère où, parmi tant de sujets de tristesse... je ne rencontrais pas, dit-elle, une main amie pour me relever »...

Terribles furent ces heures pour l'enfant! Elle n'avait pu jusque-là en soupçonner les angoisses, non plus que son courage à les dominer, car Eugénie ne vécut que pour sa malade, pendant ces jours cruels. C'était elle qui accourait à la moindre plainte, elle qui veillait, soignait, consolait...

Et quand les étrangers compatissants, qui éteignaient le bruit de leurs pas devant la chambre où l'on souffrait tant, croisaient l'enfant au passage, ils s'écartaient avec respect, a dit sa mère... « croyant voir sur cet angélique visage comme un rayon tombé du ciel »...

Mais tant de courage à supporter une si rude épreuve ne pouvait demeurer sans récompense.

Pour Eugénie, la récompense se trouva dans l'ineffable dilatation d'âme qui résulta de son incessant dévouement à sa mère et du contact de leurs deux cœurs.

Il en fut, dès lors, de sa tendre confiance pour elle comme de ces parfums qui s'échappent d'une fleur meurtrie.

Timide toujours et réservée, par excès d'oubli d'elle-même, Eugénie n'avait montré qu'une fois à sa mère — j'ai dit dans quelles circonstances — les secrets de son âme.

« Hélas! disait-elle depuis, non sans tristesse, la confiance ne peut naître que par le combat et la douleur!... »

Elle s'en était plainte doucement à Dieu dans cette prière : « Ouvrez mon cœur, lui avait-elle dit, ouvrez mon cœur à la confiance, vis-à-vis de ma mère... Rendez-lui avec usure, à cette chère mère, ce que je lui dois... Faites-la à jamais heureuse... Et si je ne puis lui payer moi-même la dette de mon cœur, payez-la-lui, ô mon Dieu ! ». . . . .

. . . .

De quels trésors elle la payait maintenant cette dette, faisant à toute heure monnaie de sa tendresse, de son dévouement, de sa compassion, si bien que, peu à peu, son âme et l'âme de sa mère se confondirent tout à fait !...

Et quand, enfin, le médecin déclara la malade hors de danger, et qu'avec le bonheur d'aujourd'hui on en vint à se confier la tristesse d'hier, — surtout celle d'avant-hier, — ce fut, entre la mère et l'enfant, cet abandon sublime que veulent certains cœurs pour diviniser leur amour.

Merveilleux, en effet, sont les élans des timides quand ils osent aimer... ou plutôt quand ils osent montrer qu'ils aiment !...

« Avec quelles délices je regarde maintenant, écrivait Eugénie, le visage de ma mère bien-aimée... avec quelle infinie douceur je lis jusqu'au fond de son âme!... Tout renaît, revit pour moi. Les cloches du campanile semblent sonner l'heure de sa résurrection et de ma délivrance! » . . . .

. . . .

Mais le bonheur n'existe-t-il donc sur cette terre que pour que nous en constations la fragilité ?

Si vive, si pénétrante était maintenant la joie de ces deux cœurs, que celui de la mère, trop heureuse, s'en effraya tout à coup...

« Je sens avec une singulière peine, écrivait-elle, les jours passer... C'est comme si je voyais le plus clair de mon bonheur s'écouler goutte à goutte... »

Elle-même raconte que d'indéfinissables émotions lui oppressaient le cœur lorsqu'elle serrait sa fille dans ses bras. Et ces mêmes pressentiments dont tant de fois j'ai parlé

prenaient une forme plus précise. Devenaient-
ils hallucinations ou visions ?

« ... Souvent, pendant ma convalescence,
a-t-elle écrit, les visions les plus singulières
se succédaient à mes yeux, — le visage d'Eugénie se transfigurait tout à coup, — ses vêtements si simples disparaissaient, pour me la
montrer revêtue d'un costume de fiancée
royale ou de la robe des martyres.

« Une nuit, entre autres, que ma plus jeune
fille se trouvait aussi malade, je vis Eugénie
debout près du lit de sa sœur et lui souriant
de son céleste sourire. Sa tête me sembla lumineuse; ses vêtements avaient la forme de
ceux de la statue de sainte Agnès à Rome.

« Je demeurai saisie d'étonnement à ce
spectacle... Mais à l'instant même la vision
radieuse disparut, laissant le visage d'Eugénie
blanc comme le marbre et immobile comme
la morte... »

Eugénie était pourtant alors éblouissante de
fraîcheur et semblait avoir de longs et heureux jours devant elle.

On était au mois de mars. Le printemps, cette année-là, se faisait plus souriant encore que de coutume. Le soleil était chaud, l'air embaumé, tout fleurissait. C'était, pour tous, la joie de vivre, et pour la malade celle de revivre.

... Cette joie faisait apparaître plus admirables encore, à Eugénie, qu'elle ne les avait rêvés, les saints de Fra Angelico, les anges de Fra Bartolomeo et les Vierges du Pérugin...

Elle avait pour ce dernier peintre une préférence qui montre combien son sentiment de l'art était délicat et sincère.

« Devant Raphaël, disait-elle, je suis éblouie; mais devant le Pérugin je me sens émue... »

« Jamais je n'oublierai, continuait-elle, l'impression que m'a faite la *Mise au tombeau* de cet admirable peintre. Je ne pouvais m'arracher à cette scène si pleine de douleurs et de consolations célestes... Je sentais pénétrer en mon âme cette amertume profonde et résignée, cet amour ardent, cette adoration tendre et naïve de la Vierge et des saints...

« Dans toutes les peintures du Pérugin, comme dans celles de la plupart des peintres de son époque, la forme est l'expression d'une pensée si pure, si sainte, si naïve, qu'elle semble être comme un reflet du ciel. » . . . .

. . . .

Cependant il fallut, quoique bien à regret, s'arracher à ces visions comme aux souvenirs des jours douloureux qu'on laissait derrière soi...

« Voici deux jours, écrivait Eugénie, que nous avons quitté Florence... Nous l'avons quittée le cœur ému : nous y avions tant souffert qu'il nous semblait abandonner à chaque pas un fardeau d'angoisse et de douleur. A cette joie de la délivrance se mêlait l'émotion des adieux. Nous avons tous pleuré en quittant notre pauvre Giuditta, la garde de ma mère. La reverrons-nous jamais ?

« On nous a inondés de fleurs à notre dé-

part. Mais les vraies fleurs que nous emportons de Florence, celles que la poussière du
chemin ne flétrira jamais, c'est le souvenir de
tous les témoignages affectueux que nous
avons reçus et qui nous ont fait tant de
bien. Ces fleurs-là, la Providence les fait pousser sur les terres les plus arides pour consoler
les voyageurs... Et maintenant que Dieu protège notre voyage et qu'il le rende salutaire à
notre chère malade! C'est ma plus ardente
prière, pendant que mon imagination galope
avec les chevaux vers les splendeurs de la
Ville éternelle! ». . . . .

. . . .

IX

’HISTORIEN, l’artiste, le penseur, le
sot, le poète, le sceptique, le vi-
veur, le saint, ont parlé de Rome,
chacun dans sa langue.

Voici qu’une enfant de vingt ans, toute
pétrie d’enthousiasme et de foi, en parlera à
son tour.

Ce ne seront pas, il est vrai, de banales
descriptions qu’il faudra chercher dans le
journal d’Eugénie; ce sont ces vibrations intimes, profondes, sonores, qui font de l’âme
où elles frissonnent un instrument parfait.

Rien d’artificiel dans l’enthousiasme de

l'enfant. Tout y est sincère, depuis sa première émotion à la vue de la campagne romaine jusqu'au lyrisme qui s'empare d'elle à son entrée dans Rome.

« Voici, écrit Eugénie en quittant Viterbe par une riante matinée d'avril, voici une date que je n'oublierai jamais... Dans quelques heures nous serons à Rome. Oh! comme le cœur m'a battu ce matin lorsque cette pensée m'est venue!...

« Au sortir de Viterbe, nous avons gravi, au milieu d'une magnifique forêt de chênes, la montagne de Bimato. Derrière nous s'entr'ouvrait la plaine immense, voilée par les vapeurs du matin et terminée à l'horizon par le lac Bolsena et les montagnes arides de la frontière toscane...

« Au bas de cette montagne commence la campagne romaine. Nous courons à travers une plaine immense... couverte d'une chétive verdure et interrompue çà et là par quelques légères ondulations de terrain... Rien ne peut exprimer le charme de cette campagne déserte, semée de ruines, parsemée de pins solitaires, où la rêverie s'égare et a comme un pressentiment de l'infini...

« Il y a une heure, le conducteur nous montra de loin un dôme et une flèche à l'horizon... C'était Saint-Pierre de Rome !

« Maintenant, je ne vois plus rien que le désert, la solitude sans bornes. J'attends, j'espère, je rêve au passé, au présent, à cette ville que tant de siècles ont saluée comme la reine du monde et que l'avenir couronnera d'une gloire éternelle...

« O Rome, patrie de toutes les âmes chrétiennes, rêve de toutes les imaginations et de toutes les intelligences, avec quel amour et quel bonheur je te salue ! » . . . .

. . . .

Ah ! ce bel enthousiasme, la jeune fille moderne ne semble plus le connaître !

Il ne saurait, en effet, coexister avec les petits calculs, les frivoles préoccupations, les mesquins intérêts qui l'absorbent.

Ne sont-ce vraiment pas là ce que quel-

qu'un appelait les parasites de l'âme?....
Seule une grande passion peut, en effet, rendre à l'âme humaine toute sa puissance d'admiration, parce que seule elle l'épure... seule
elle la « stérilise », suivant l'admirable expression de d'Annunzio...

Et quel curieux rapprochement que celui
qui s'impose entre ce terme ultra-moderne et
l'éternelle parole : « Bienheureux ceux dont
le cœur est pur... »!

Ceux-là ne s'étonneront pas des enthou-
siasmes qui débordent de ces pages :

« ... Je l'ai vue cette grande Rome qui régnait autrefois sur tant d'esclaves et qui est
aujourd'hui la reine de tant de cœurs généreux, continue Eugénie.

« ... Et je ne sais que dire sur les émotions
de joie, d'admiration, de ferveur et de foi qui
ont bouleversé mon âme pendant ces huit
jours.

« Ce sont des sentiments que la parole ne
peut exprimer, mais qui vont ébranler les
plus intimes fibres de l'âme... Pendant ces

heureux jours, il me semblait que je n'avais pas assez de ma tête et de mon cœur pour contenir toutes les émotions qui s'y pressaient...

« ... Saint-Pierre a été notre première course. Nous venions, en effet, dans la ville sainte comme de vrais pèlerins. Nous avions avant tout besoin de venir nous agenouiller sur le tombeau des saints apôtres...

« Saint-Pierre et la place qui le précède forment certainement un ensemble unique au monde.

« Il me semble être encore au jour où je les ai vus pour la première fois. Des troupes défilaient entre l'obélisque et les deux fontaines jaillissantes, les tambours battaient, les clairons sonnaient, le soleil éclairait cette grande scène. Je ne sais quel chant de gloire et de triomphe semblait sortir de toutes choses et s'unir à l'hymne de reconnaissance et de joie qui retentissait dans nos cœurs.

« Je connaissais, depuis mon enfance, la place et l'église de Saint-Pierre. Mais aucune image ne m'avait donné l'idée de la sublime harmonie qui unit tous ces monuments. Je n'avais pas vu cette longue suite de saints qui domine la colonnade du Bernin et fait une couronne à la croix du Sauveur, s'élevant en triomphe sur l'obélisque païen comme sur un ennemi vaincu... Je n'avais pas lu cette sublime inscription, tracée sur le piédestal, et qui est comme le chant de victoire du christianisme triomphant :

« Le Christ a vaincu, le Christ règne. Fuyez, ennemis du Seigneur. Le lion de la tribu de Juda a vaincu ! ». . . . .

. . . .

La jeunesse a toujours des ailes. Je crois que celles d'Eugénie l'emportaient un peu loin... Le très mauvais goût, le maniéré du Bernin lui échappaient, ou plutôt elle les lui pardonnait en faveur de ses bonnes intentions.

Mais la voilà qui a franchi les portes immenses de la Basilique.

« Bien souvent, dit-elle, j'ai entendu critiquer l'église de Saint-Pierre. Certainement, ce n'est plus là la piété austère et mystérieuse de nos vieilles cathédrales. Mais, en entrant dans cette grande église si vaste, si sonore, où le soleil d'Italie verse des flots de lumière, où toutes les richesses de la nature et de l'art, amoncelées autour des saintes reliques, semblent comme un éternel monument du respect et de l'amour du peuple chrétien, on se sent ému, saisi d'une foi profonde...

« ... Comme le cœur m'a battu, lorsque je me suis agenouillée devant la Confession de Saint-Pierre, là où tant de générations se sont agenouillées avant moi, à côté de cette lampe qui brûle depuis tant de siècles sur la tombe du pêcheur!... Comme je me sentais heureuse d'appartenir à notre sainte Église, d'unir ma prière au chœur sublime de prière et d'adoration qui s'échappait de tout ce qui m'entourait! ». . . . .

Rome tenait donc ses promesses pour Eugénie. Rome lui donnait tout ce qu'elle était venue lui demander. Ce n'est plus, dès lors, dans son journal, qu'un long chant de reconnaissance et d'amour. L'enfant s'abandonne, incapable désormais d'analyser les vibrations de sa foi...

Mais, ce premier enivrement mystique passé, elle ne pouvait échapper non plus à cette indéfinissable mélancolie que provoquent bientôt tant de ruines, tant de débris, tant d'écroulements entassés.

Comment n'avoir pas, à leur contact, le sentiment d'une irrémédiable déchéance ?

« Il faut pourtant que je l'avoue, écrit-elle, après le premier moment d'émotion et d'enthousiasme que j'éprouvai en arrivant à Rome, toutes ces grandes ruines m'ont attristée. »

En effet, le Capitole semble n'avoir que médiocrement intéressé l'enfant, le Forum a mal répondu à sa curiosité, le Colisée lui-même n'a pas dit à son imagination et à son cœur ce qu'ils en attendaient.

Fiévreusement, comme tous les voyageurs pressés, — et qui ne l'est? à Rome, de tout voir, — elle a parcouru les musées, traversé les galeries, elle s'est agenouillée dans les basiliques... Mais plus Eugénie entasse ainsi d'impressions, plus elle se rend compte que tout cela se heurte, se confond, et empêche cette espèce de recueillement qu'il faut précisément aux émotions qu'elle recherche. . . . .

. . . .

Huit jours après être arrivée à Rome, et d'un commun accord, la pieuse caravane se décidait donc à partir pour Naples.

Naples est le lieu de repos indiqué à ceux que leur admiration a surmenés. La nature y joue, en effet, comme à l'accoutumée, son rôle bienfaisant après les émotions excessives de la ville.

Tout, dans ce nouveau voyage, était sagement calculé pour détendre les trop vibrants voyageurs.

Ils partaient dans un voiturin dont « les trois chevaux efflanqués contrastaient », au dire d'Eugénie, avec les brillants postiers qui, naguère, les avaient amenés de Florence à Rome...

C'est lentement que l'on traverse Tivoli, Frascati, Tusculum. Chacune de ces étapes est marquée dans le journal d'Eugénie par quelque souvenir classique. Velletri, Terracine, lui fournissent de jolies descriptions. Je ne m'y arrêterai pas, tant j'ai hâte, comme elle du reste, d'arriver à Naples...

« C'est à Sorrente, écrit-elle, que j'ai eu la première idée des enivrements de Naples...

« Le temps était admirable. La mer étincelait à nos pieds, et le ciel avait cette transparence et cette pureté profonde que nous ne connaissons pas dans nos pays.

« ... A mesure que nous traversions les villages de Résina, de Portici, de Torre del Greco, de Torre dell' Annunziata, qui forment comme une ceinture magique sur cette rive enchantée, le golfe de Naples se déployait devant nos yeux dans toute sa splendeur.

« De Castellamare, une voiture nous a conduits à Sorrente en deux heures. La route
pour y arriver, tantôt suspendue au-dessus
des rochers à pic, tantôt courant dans les bois
d'orangers et de citronniers, entre les haies de
rosiers en fleur, me semblait plutôt un rêve
de fée qu'une réalité. J'osais à peine parler,
tant je craignais de rompre le charme dont je
me sentais enveloppée.

« Le haut de la montagne qui domine Sorrente est aride et sauvage : c'est ce qu'on appelle le désert.

« De là nous avons vu s'étendre devant
nos yeux éblouis les deux golfes de Naples
et de Salerne avec les hautes chaînes de
montagnes qui les entourent, les villes blanches qui les bordent et semblent s'endormir au doux bruit des flots. Les îles d'Ischia,
de Caprée, de Procida, sortent des vagues
étincelantes de lumière comme les antiques
Néréides que la Fable plaçait sur ces rives
enchantées. Rien ne peut donner une idée de la

splendeur et de la grâce infinie de ce tableau.

« Nous sommes redescendus enfin. Le soleil se couchait. Nous avons dîné au bord de la mer sur une terrasse, tandis qu'autour de nous des musiciens jouaient des barcarolles sur leurs harpes et leurs guitares.

« L'air était doux. Un souffle léger s'élevait de la mer et s'imprégnait du parfum des rosiers en fleur. Les flots s'agitaient doucement à nos pieds en murmurant contre les rochers de la côte. Et de temps en temps de petites barques qui glissaient devant nous nous envoyaient en passant le refrain de leurs joyeuses chansons... »

Seule la cadence du vers manque à cette phrase, qui berce comme une musique et évoque la douce image des choses, comme dans un rêve, plus poétique encore que la réalité...

Et comme dans un autre rêve, cette musique fait apparaître l'image du poète qui, lui aussi, chanta sur cette rive de Sorrente... « où le flot bleu se déroule au pied de l'oranger »...

Eugénie heurta peut-être cette pierre, « petite, étroite, indifférente », sur laquelle Lamartine a gravé l'immortelle épitaphe de son enfant.

Comme la fille du poète, morte à seize ans, Eugénie devait, à vingt ans, elle aussi, mourir. C'était, pour toutes deux, s'envoler bien jeunes. Mais quelle différence entre les larmes qui tombèrent sur leurs cercueils!

Amères et désolées furent celles du poète. Douces et consolées, au contraire, celles qui pleurèrent Eugénie.

Pourquoi eût-on amèrement pleuré l'enfant qui reprochait aux beautés de la terre de la distraire des visions du Ciel?

« De cette belle et imposante côte de Sorrente, mes regards erraient avec ravissement, continue Eugénie, à la ligne de rochers qui s'élève de l'autre côté du golfe. Mes yeux y cherchaient les restes de Cumes, de Baïa, de Mycène... noms harmonieux que l'histoire et la poésie ont ornés d'une immortelle auréole... Près de moi je voyais la maison du Tasse, en face la verte colline du Pausilippe, où Virgile repose sous le laurier des poètes. — Un souffle enivrant de poésie passait sur mon âme...

« O mon Dieu ! comment faut-il appeler ces heures d'ivresse ? Je vous remercie de me les avoir données. Mais je ne vous demande pas de me les donner encore. Elles emportent l'âme trop loin des sérieuses réalités de la vie... trop loin de vous, ô mon Dieu !... »

Ce cri d'effroi qui vient de se confondre avec un cri d'enthousiasme révèle l'enfant tout entière... l'enfant chez qui l'enthousiasme est tout autre chose que l'ébranlement de ses nerfs... Elle craint le ravissement qu'elle éprouve, parce qu'elle le sent trop humain... Et voilà que pour s'en garantir elle a hâte de retourner à Rome.

« J'ai eu encore, écrit-elle, sur la terrasse de Gaëte, un dernier reflet des enivrements de Naples, et je leur ai dit là un éternel adieu...

La soirée était admirable, le ciel était d'un bleu foncé, la lune envoyait sur les flots des torrents de lumière argentée. Le parfum des orangers nous enveloppait.

« C'était comme un dernier effluve de ce monde païen que j'étais heureuse de quitter...

« En rentrant à Rome le lendemain, je me sens lancée dans un monde nouveau ; tout est grave, sérieux, triste même, mais de cette tristesse qui élève l'âme et produit les grandes pensées. Tout parle au cœur ; chaque pierre, à Rome, est comme un poème qui chante les mystères de ce monde et de l'autre.

« Il n'est pas une fibre de l'âme qui demeure muette devant ce spectacle. On se sent entraîné à mêler sa voix à cette merveilleuse harmonie qui sort des abîmes du passé et va s'élevant à travers les horizons lumineux jusqu'aux splendeurs de l'éternité.

« O mon Dieu, comme je suis loin maintenant des enchantements de Naples !... Comment ai-je pu écouter ces voix de la terre,

tandis qu'ici m'attendaient les chants du
Ciel ?... »

Pour Eugénie, Rome se transfigurait et
lui parlait avec des accents qu'elle n'avait
point entendus encore.

« Ah ! je voudrais maintenant pouvoir décrire toutes les émotions que j'ai ressenties,
toutes les grandes choses que j'ai vues, tous
les mystères que les harmonies de Rome
m'ont fait comprendre.

« Mes pensées sont trop vives, trop ardentes. Mais cette multitude d'impressions diverses ne m'accable plus, parce qu'elles se rassemblent toutes dans une seule et même
pensée. Pour les catholiques, les splendeurs
de Rome sont comme ces degrés que Dante
voyait dans son Paradis et qui aboutissaient
au centre même de la lumière.

« La grande voix des siècles écoulés, la
magnificence des arts, les ineffables souvenirs
des saints, forment un concert immense qui
monte de la terre au Ciel. » . . . .

. . . .

Loin de Rome, qu'elle quitte bientôt avec
larmes, Eugénie l'entendra longtemps encore retentir, ce mystérieux concert. Certains
échos semblent ainsi suivre le voyageur qui
s'éloigne...

De toutes les lignes qu'elle consacrera encore
à ce qu'elle appelle « la grande patrie des
âmes », il s'échappera comme une réminis-
cence des harmonies surnaturellement entendues...

« Non, écrit-elle, je ne me rappellerai jamais sans un frémissement d'émotion certaine soirée que nous passâmes dans la campagne romaine, sur la terrasse de la villa
Wolkonsky.

« Nous dominions un vieil aqueduc d'où
sortaient de longues guirlandes de lierre.
Des grenadiers en fleur nous entouraient. Le
soleil, qui s'abaissait vers la mer, enveloppait
d'une auréole de lumière la grande église de

Sainte-Marie Majeure et la basilique de Latran, tandis que, d'un autre côté, la nuit gagnait peu à peu les longues lignes des aqueducs brisés et les ruines lointaines du Colisée et des thermes de Caracalla.

« En face de nous, les montagnes de Tivoli et de Frascati nous apparaissaient illuminées par un dernier rayon du soleil couchant, et cette lumière dorée, qui s'éteignait peu à peu, nous semblait comme un pâle et dernier reflet de gloire...

« Nous avions à nos pieds toute la Rome chrétienne, dominant les ruines du monde païen. Devant nos yeux s'étendait tout ce qu'il y a de plus grand sur la terre. Je regardais en silence, et il me semblait que tout ce que je voyais s'évanouissait comme une ombre, pour me laisser entrevoir le monde de l'éternité...

« ... Enfin la nuit tomba, et il me fallut descendre de ces hauteurs...

« Que je suis loin maintenant de ces heures si douces et de ces visions admirables ! Mais leur souvenir seul est un soutien et sera une joie pour toute ma vie... »

« Après Rome il n'y a plus que le Paradis... », répétait dès lors Eugénie, sans songer qu'autour d'elle il y avait des cœurs pour comprendre ce que ces mots pouvaient vouloir dire.

X

OILA que ma tâche s'achève.

Si quelques-uns ont cherché des événements ou des faits dans ce récit, ils n'y auront rien trouvé. D'autres, au contraire, se seront peut-être intéressés à cette simple étude d'une âme d'enfant.

Rien de ce qui se passe dans une âme ne saurait, en effet, être indifférent. Pour peu qu'on l'étudie, on y découvre ce que découvre le savant qui, l'œil à son microscope, suit jusque dans l'infiniment petit l'évolution et

la lutte fatale auxquelles tout être est con-
damné . . . .

Heureux lorsque, après vingt ans d'efforts,
on est arrivé comme l'était Eugénie, — quand
vinrent ses vingt ans, — à se sentir capable
de tous les dévouements et à la hauteur de
tous les sacrifices.

Son humilité, cependant, semblait l'ignorer
encore. Faite pour étendre au loin son action,
elle la concentrait, nous venons de le voir,
dans la sphère la plus restreinte. Le monde,
elle l'ignorait, bien qu'elle y eût fait sensation
chaque fois qu'elle y avait paru. On ne pouvait demeurer indifférent au charme qui
rayonnait de son sourire et de ses grands
yeux bleus. Sa taille s'était élancée. Sans rien
perdre de l'éblouissante fraîcheur d'autrefois,
son visage avait pris un ovale charmant. De
dorés qu'ils étaient jadis, ses cheveux étaient
devenus cendrés. Elle les roulait simplement
en bandeaux plats et lisses qui encadraient à
ravir sa douce figure de vierge.

Frappée de la ressemblance d'Eugénie avec

un portrait de Mme de Sévigné, sa mère
s'avisa un jour de la coiffer en petites boucles...
Ce fut un enthousiasme, mais jamais on ne
revit l'enfant ainsi coiffée. Que lui importait
de plaire ?

« Toutes les fois, écrivait-elle, que j'ai ren-
contré cette foule étrangère que l'on trouve
dans un salon, je me suis sentie étourdie,
glacée... et je me suis renfoncée plus profondément dans le nid où le bon Dieu m'a placée.
Là seulement est la paix, s'il est possible de
la trouver sur cette terre... »

Sa mise se ressentait de cette indifférence.
Pourquoi ne pas le dire ?... elle se ressentait
aussi de l'amour instinctif qu'Eugénie avait
pour la pauvreté, amour qui, depuis qu'elle
se dépouillait de tout, était devenu une véritable passion.

On ne la voyait jamais que vêtue le plus
simplement du monde. Et pourtant ceux qui
la voyaient ainsi lui trouvaient toujours l'air
paré.

Son luxe n'était qu'une propreté poussée à

l’excès. Elle savait découvrir un grain de poussière sur le linge le plus blanc. Sa mère ne l’appelait plus que « son Hermine »... Hermine aussi douce que blanche ! Et ne croyez pas qu’il y eût seulement dans sa douceur ce que l’on a appelé... « des ménagements d’épiderme »... Eugénie était aimable avec cette grâce, avec cette incomparable aisance que la vraie bonté peut seule donner.

Eugénie avait certes trop d’esprit pour ne pas être susceptible d’un léger penchant à la raillerie. Ce penchant était d’autant plus vif qu’aucun ridicule ne lui échappait et que, du premier coup d’œil, elle devinait les gens.

Cette finesse aurait pu lui ménager de grands succès de salon. Mais non ; elle faisait impitoyablement taire son esprit caustique, ne lui laissant même pas entendre une conversation qui eût pu l’exciter. Le moyen qu’elle en avait était des plus simples ; c’était, on se le rappelle, de se consacrer toujours aux ennuyeux.

« L'esprit, dit-on, porte les couleurs de l'âme, comme le serviteur porte celles de son maître... » Chez Eugénie, il n'était vêtu que de nuances douces, j'oserais dire presque tendres, comme son cœur.

Et cependant, pour continuer la métaphore, il y avait parmi ces nuances douces, çà et là, quelques notes éclatantes, comme sa gaieté, qui jamais — on aura peut-être quelque peine à le croire — ne se démentit, même à l'heure de ses plus poignantes épreuves.

« Quand elle passe par les chemins, disait Dante de Béatrice... Son regard donne la paix. » Celui d'Eugénie donnait la joie.

Enfin ce qui achevait de la rendre charmante, c'est qu'elle semblait ne pas se douter de son charme. On m'a dit que jamais elle ne parut ni entendre ni comprendre un compliment.

« Toute louange s'évaporait, dès qu'elle parvenait jusqu'à l'enfant. »

Un jour qu'on lui avait adressé des vers, —
et ces vers, dit-on, étaient délicieux, — Eugénie n'en témoigna pas le moindre embarras.

« Comment m'en embarrasserais-je? dit-
elle simplement. Ce ne sont vraiment que les
trop grandes illusions de l'indulgence... »

Elle se sentait ainsi toujours à son aise
avec tout le monde. Le mot est peut-être un
peu prétentieux, mais on disait dans son entourage qu'elle « se servait d'elle-même sans
se voir »...

On aurait pu ajouter qu'Eugénie n'avait
d'yeux que pour ses petites imperfections, et
Dieu sait avec quels verres grossissants elle
se complaisait à les regarder. La peine qu'elle
en avait allait parfois jusqu'aux larmes, larmes
plaisantes et touchantes, quand elle parlait
« de sa mauvaise nature, de son incapacité à
rien faire de bien »...

« ... Vous ne savez pas, disait-elle sans
cesse à ses pauvres, vous ne savez pas combien j'ai besoin qu'on prie pour moi... »

« Peut-être, disait-elle encore, peut-être

est-ce pour m'amener au dernier degré de la confiance que la Providence me fait toucher au doigt ma misère... Toutes ces humiliations sont des calmants, et j'ai besoin d'en prendre à si fortes doses ! » . . . .

. . . .

Ce calme que l'enfant invoquait, et dont alors elle sentait, comme d'instinct, l'impérieux besoin, devait être ce calme dans lequel la nature se recueille pour prendre des forces contre l'orage qu'elle pressent; car, comme ces nuages qui, lentement, montent à l'horizon, Eugénie sentait passer sur son âme des inquiétudes ignorées jusque-là.

☙

A vingt ans, le temps semblait venu de prendre une décision que l'enfant redoutait et désirait pour l'orientation de sa vie.

Ses lettres traduisent dès lors, selon sa propre expression, les *terribles vicissitudes* de son âme.

« ... Dans quelques heures, écrivait-elle, je vais avoir vingt ans. Pour beaucoup, c'est l'âge solennel où l'on choisit son chemin dans la vie. Que sera-t-il pour moi ?... Je n'en sais rien. Tout ce que je désire, tout ce que je demande, c'est que cette année soit vraiment décisive.

« J'ai déjà vécu longtemps en ce monde. Et maintenant que je veux considérer devant Dieu ce que j'ai fait de toutes ces années passées, je suis effrayée de l'inutilité de ma vie... »

A quelques jours de là, elle exprimait d'une manière plus énergique encore cette même pensée...

« Je suis sur les rives de la vie... Encore quelques instants et il faudra m'embarquer. C'est à mon âge que l'on a le plus de puissance pour faire le bien. Plus qu'à tout autre les devoirs y sont nombreux et importants... Non, le temps donné aux études ne doit plus être qu'un temps de luxe... Les succès de l'esprit, comme ses joies, ne sont aussi qu'un luxe... Il faut oublier tout cela... et m'oublier moi-même, partout, toujours... Voilà seulement ce qu'il faut... Mais où Dieu me veut-il ? »

Eugénie savait, mieux que personne, avec quelle abnégation il faut chercher la volonté de Dieu quand il s'agit de fixer son existence. Mais elle savait aussi qu'il y a une indication de cette volonté impossible à méconnaître dans la tendance vers un même but de tous les mouvements, de tous les désirs du cœur. Aussi retrouve-t-on dans cette lettre plus de douleur que d'étonnement :

« ... Un jour, écrivait-elle, le bon Dieu m'attire. Il me semble, ce jour-là, que le servir, lui et les pauvres, doive être toute ma vie... Et puis, le lendemain, il n'y a plus dans mon âme que l'agitation de mille désirs contraires... Non, vous ne pouvez vous imaginer avec quelle violence et quelle impétuosité le flux et le reflux se succèdent dans ma pauvre âme. »

Ceux-là surtout sont en proie à ces fluctuations désolantes qui croient ne pouvoir atteindre le but qu'en le dépassant... Aussi Eugénie ajoutait-elle :

« ... Il me semble que je ne pourrai faire mon salut qu'en servant Dieu dans la voie parfaite... »

Je ne sache pas une image plus frappante de cet état étrange, où l'âme successivement s'élance et retombe, que cette mystérieuse échelle de Jacob où tour à tour les anges montaient et descendaient.

C'est vainement, en effet, que l'âme voudrait s'arrêter... c'est vainement qu'elle se débat... Il faut, en dépit de tout, qu'elle atteigne l'échelon que Dieu lui a fixé.

Et comment douter que ce fût au plus élevé de ces échelons qu'était marquée la place de la prédestinée ?

Dès longtemps elle s'était dépouillée de toute chose qui aurait pu alourdir son élan. Pour règle de sa vie, elle suivait celle du cloître, toute tissue de continuelles et volontaires privations. Que restait-il à sacrifier pour celle qui avait sacrifié son bien-être, sa fortune

et les rares joies qui, jusque-là, étaient venues
à sa rencontre?

Hélas! le sentiment le plus profondément
ancré dans un cœur comme le sien. Devant ce
sacrifice elle sentait, oh! non pas défaillir son
amour de Dieu, mais ses forces.

Dans la vie d'Eugénie, les affections de famille avaient toujours tenu une grande place,
mais depuis Florence, elles semblaient devenues exclusives de toute autre affection. Et
maintenant ces tendresses éperdues se dres-
saient entre elle et la porte entre-bâillée du
couvent. . . . .

... Quelle angoisse que de faire couler tant
de larmes en se condamnant à tant pleurer
soi-même! . . . .

. . . .

Parfois, pourtant, dans le cœur endolori de
l'enfant, il semblait y avoir un lointain écho
où elle croyait reconnaître la voix qui, jadis,

l'avait appelée aux douces joies d'amour...
Oh ! alors, les sacrifices lui semblaient légers...
faciles...

Mais un mot, un sourire attendri des siens,
la faisaient retomber désolée, écrasée, sous le
poids de l'inévitable séparation. Devant sa
mère, devant sa plus jeune sœur, cette enfant
qu'elle avait si maternellement élevée, son
cœur lui échappait.

« Je sentais, m'a dit cette petite sœur, ses
yeux fixés sur les miens, pendant de longs
instants, avec un si extraordinaire mélange
d'amour et de compassion, que j'en étais parfois fatiguée... Je cherchais alors à attirer son
attention d'un autre côté. Mais son regard
revenait se fixer sur moi avec une expression
encore plus tendre.

« ... J'ai retrouvé ce même regard dans ses
yeux, lorsque je l'ai revue pour la dernière
fois... »

« ... Et moi, a écrit sa mère, je sentais que
mes caresses lui faisaient tant de mal que
j'osais à peine effleurer de mes lèvres les che-

veux de mon enfant. ». . . . .

. . . .

« ... Si Dieu vous appelle, répondait un saint prêtre au gémissement de ce pauvre cœur, Dieu vous donnera la force de rompre les liens qui vous retiennent (1). »...

Mais Eugénie ne comprenait pas, ou plutôt elle ne comprenait plus ce que le prêtre avait voulu dire.

Le cœur défaille après certaines blessures. Il y a des syncopes morales, comme il y a des syncopes physiques.

L'enfant défaillait, agonisait...

(1) A son retour de Rome, pendant le mois qui précéda sa mort, Eugénie souffrit les plus cruelles épreuves au sujet de sa vocation... Elle hésitait et ne pouvait se pardonner la moindre hésitation. Une lettre qu'elle écrivit peu de jours avant sa dernière maladie dépeignait d'une façon navrante une partie de ses angoisses. Cette lettre n'a pu être retrouvée. Mais la personne à qui elle était adressée fut si alarmée de l'état de la malheureuse enfant, qu'elle eut la pensée d'avertir sa mère. Elle n'en eut pas le temps. Huit jours plus tard, Eugénie tombait malade de sa dernière maladie. — (*Note d'une amie.*)

Il serait téméraire, peut-être, de vouloir analyser les sensations d'un pareil martyre. — Mais bien plus téméraire encore serait de donner une raison humaine au courage qui soutint Eugénie pendant cette épreuve suprême...

D'après ses notes, je crois trouver cette raison dans l'intervention de quelqu'une de ces saintes dont elle avait fait les protectrices tour à tour de son enfance et de sa jeunesse...

On ne peut nier les liens mystérieux qui rattachent à certaines âmes bienheureuses certaines âmes encore souffrantes sur la terre. Des analogies de sentiments, d'impressions, de vertus, ont créé entre elles des affinités que l'on dirait des affinités de race. . . . . .

. . . .

Pour Eugénie, cette parenté mystique s'était naguère affirmée, pendant son voyage en Italie...

A Sienne, dans la petite chambre de la bienheureuse à qui — c'est elle-même qui nous l'apprend — l'enfant avait maintes fois confié sa vie, — sainte Catherine, sa bien-aimée patronne, lui avait révélé la voie à suivre...

« ... O ma chère sainte, s'était écriée Eugé-nie, je suis sûre qu'elle m'a vue... Je suis sûre qu'elle m'a entendue... et moi aussi j'ai en-tendu sa voix. » . . . .

Puis, à Rome, pendant une visite aux Ca-tacombes, on avait vu, tout à coup, Eugénie transfigurée, rayonnante, écouter, immobile, ce qu'elle seule semblait entendre.

Une autre fois enfin, toujours à Rome, on l'avait trouvée le visage en feu, les joues baignées de larmes, le regard extatique devant un livre ouvert. Ce qu'elle avait lu, ce qu'elle avait vu peut-être, c'était le martyre de sa patronne sainte Eugénie...

C'était sous des voiles teints de sang, et plus semblables à des suaires qu'à des voiles de fiancées, que lui étaient apparues ses douces patronnes. Pouvaient-elles l'abandonner, les chères saintes, à l'heure où elles la conviaient aux douleurs et aux allégresses de leur propre martyre ?. . . . .

« Non, écrivait Eugénie, non, mon Dieu, maintenant que j'ai vénéré les reliques de vos martyres et de vos vierges, maintenant qu'elles m'ont enveloppée, pénétrée, entraînée par le doux attrait de leurs vertus et de leurs sacrifices, que puis-je dire ?... que puis-je alléguer encore pour me soustraire à celui que vous me demandez ?...

« Je veux être à vous, ô mon Dieu, à vous sans partage... Voilà mon esprit, mon cœur, mon imagination, mes yeux, mes lèvres, mon corps, tous mes membres... Les voilà pour faire votre volonté. Je ne veux plus résister... j'obéirai à la voix qui m'appelle... »

La victime était prête. Mais Dieu entendait le sacrifice autrement qu'elle.

XI

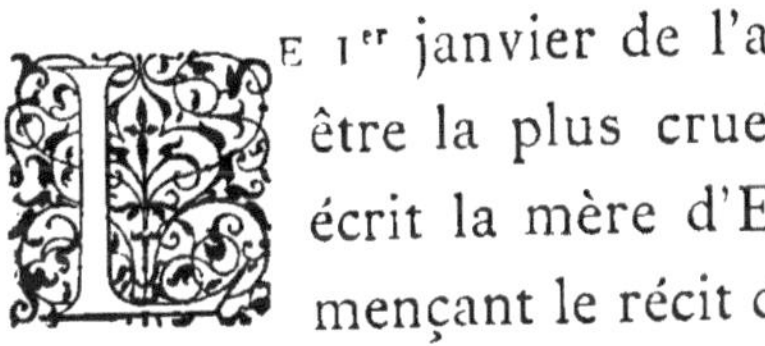E 1er janvier de l'année qui devait être la plus cruelle de ma vie, a écrit la mère d'Eugénie en commençant le récit de la mort de sa fille, récit auquel je vais emprunter plus d'une page, le 1er janvier, je me réveillai sous l'impression d'une douleur si pesante que toute force semblait m'avoir abandonnée. Que le trajet jusqu'à l'église me parut long, ce jour-là !

« Arrivée, je me sentis comme contrainte de me jeter avec un abandon complet entre les bras de Dieu... Je me livrai à lui pour la vie et pour la mort, pour la douleur comme pour la joie. . . . .

« Hélas! non, les pressentiments ne sont pas des illusions. C'est bien la miséricorde de Dieu qui veut familiariser notre cœur avec la réalité cruelle, en la lui montrant de loin sous la forme d'une image encore indécise et voilée.

« O mon Dieu! c'est en votre présence que je repasserai les jours de ma douleur! Préservez-moi du murmure et mettez au fond du calice, dont je vais agiter les suprêmes amertumes, un peu du miel de vos éternelles espérances. ». . . . .

. . . .

On eût dit qu'avant de la crucifier, Dieu multipliait, pour l'admirable femme, les stations du Calvaire.

Tandis, en effet, qu'elle soignait son fils, gravement atteint, loin de la maison paternelle, sous ce même toit qu'elle venait de quitter, sa fille cadette tombait, à son tour, sérieusement malade.

Heureusement, Eugénie, le bon ange de la maison, y était demeurée.

Sa présence là-bas rassurait sa mère. Ne lui avait-on pas dit que « ... tant que cet ange lui resterait... elle serait encore une trop heureuse mère » ?...

Mais, si les anges ont des ailes, c'est pour s'envoler...

Nuit et jour, sans compter avec le terrible épuisement où la laissaient les secousses que j'ai dites, Eugénie s'était prodiguée à sa petite sœur malade. Et cela, sans se soucier d'un étrange malaise, non plus que de violents frissons qui l'avaient saisie. Nul ne les soupçonnait. Sans doute, son affection pensait, en les dissimulant, épargner une inquiétude aux siens. Car pour elle, pauvre enfant, que lui importait ce que tout cela pouvait présager ?...

Sa vie ne devait plus être qu'une perpétuelle souffrance, qu'un renoncement de chaque heure, qu'une « mort continuelle », comme on dit au couvent. Et lorsque la vraie mort

vient abréger les angoisses d'une telle vie,
comment ne pas éprouver plus de joie que de
regret ?...

Sans qu'elle s'en rendît compte, le visage
de l'enfant reflétait déjà quelque chose de
cette joie... il avait parfois, maintenant, des
expressions qu'on ne lui connaissait pas. Le
souvenir de la dernière sortie d'Eugénie est
resté là-bas comme celui d'une apparition.

Toute vêtue de blanc, elle suivait la proces-
sion de l'Assomption, si perdue en Dieu que
tous se la montraient, les uns avec admiration, les autres avec inquiétude... Jamais on
n'avait vu visage ainsi transfiguré...

Quatre jours après, Eugénie se couchait.
Son grand mal de tête, auquel se joignait une
violente souffrance à la gorge, n'inquiétait cependant personne. Son père même en plai-
santait, dans une lettre où il annonçait à sa
femme que l'enfant était indisposée.

On fut ainsi sans s'inquiéter pendant quelques jours.

Les médecins ne voyaient rien de grave dans l'état de la malade, quoique sa fièvre et ses maux de tête ne fissent qu'augmenter. Eugénie seule devinait ce qui allait advenir, mais devant son père et ses sœurs, elle se cachait de souffrir comme elle se fût cachée d'une mauvaise action.

Cependant, elle demanda son confesseur, en alléguant, pour s'en excuser, que « de longtemps, elle ne pourrait aller à l'église ».

Mais, dès que le prêtre fut à son chevet, la malade lui confia qu'elle se sentait frappée à mort...

Entre temps, loin de ce lit de souffrance, sa mère ne se laissait pas leurrer par les lettres rassurantes qu'elle recevait. Les mères ont des intuitions qu'on ne trompe pas, et celle-ci trop souvent s'était redit que Dieu ne lui laisserait pas sa fille, pour ne pas trembler.

Son fils, d'ailleurs, était guéri ; rien ne la

retenait plus. Elle partit, mais « avec l'horrible vertige, dit-elle, de quelqu'un qui se sentirait lancé dans le vide... Mon âme tressaillait, dit-elle encore, comme dans une étreinte mortelle.

« A la ville, je ne vis personne arriver au-devant de moi, quoique j'eusse averti de mon retour.

« ... Ce fut terrible, pendant les deux heures de route qui me restaient encore à faire. Il me semblait entendre comme un glas funèbre...

« A la nuit tombante, comme j'arrivais, je vis le médecin sortir de la maison. Je l'arrêtai tout ému.

« — Votre plus jeune fille, me dit-il, est guérie. Mais l'aînée est malade. Elle s'inquiète. Surtout prenez garde de ne pas l'émotionner.

« — Mon Dieu! m'écriai-je hors de moi, est-ce une fièvre typhoïde?...

« — J'espère que nous pourrons la conjurer.

« — Hélas! murmurai-je, elle est perdue...

« C'était, en effet, cette terrible fièvre que j'avais toujours tant redoutée...

« J'entrai en sanglotant dans la maison... je me précipitai vers la chambre d'Eugénie. On me retint. Elle était avec son confesseur.

« Bientôt il sortit, et je pus accourir auprès du lit de ma fille.

« Elle était brûlée par une fièvre ardente, rouge, agitée. Ses transports de tendresse et quelques paroles de délire me firent un mal affreux.

« ... Ah! vous voilà, vous voilà! C'est tout « pour moi, s'écriait-elle... Je vous raconterai « toutes mes fautes... Oh! je suis bien cou- « pable... » Le délire ajoutait quelque chose d'excessif à sa tendresse... »

Il faut avoir surpris cette parole brève, incohérente, saccadée, inintelligible parfois, qui alterne avec le cri rauque, l'appel désespéré, la plainte déchirante, pour savoir ce qu'est le

délire, cet affreux prélude de la parfaite inconscience du malade.

C'est bien l'âme noyée dans la douleur que
ceux qui aiment l'infortuné qui se débat,
assistent à ces angoisses.

Tant que les remèdes agissent, la connaissance revient par instants. Mais ce n'est qu'une
lueur fugitive. L'hallucination reprend sa
proie. L'effroi fou, irraisonné, emporte l'âme
du malade, tandis que d'inconcevables douleurs tenaillent son corps...

« Ah! que cette première nuit fut terrible!
reprend la mère d'Eugénie.

« Ma pauvre enfant n'eut pas un moment
de repos. Toujours elle m'appelait : « Ma
« mère... ma mère... vous êtes là... c'est tout
« pour moi. »

« Vers le matin, elle s'endormit. Mais ce
fut pour s'éveiller bientôt avec des terreurs et
des effrois nouveaux.

« C'était une véritable agonie de son âme
qui commençait.

« Moitié délire, moitié impatience d'ouvrir

sa conscience, elle criait tout haut ses fautes.

« Vite, vite, faites venir un prêtre. Dieu me
« fera-t-il miséricorde... à moi si grande péche-
« resse ?... »

En vain essayait-on de la faire souvenir
qu'elle s'était confessée la veille.

« Non, non, répétait-elle d'une voix déchirante... Vous aurez tant de regret si vous ne
le faites pas !... Vous aurez tant de consolation
si vous le faites !... Il n'y a pas un instant à
perdre. »

... Le prêtre arriva... Il s'entretint longue-
ment avec elle.

Une sorte de détente se fit lorsqu'il se retira
pour aller dire sa messe dans la chapelle et
lui apporter le viatique.

Mais cette accalmie ne fut que de quelques
instants. Depuis trop de temps l'inquiétude
de conscience était comme une seconde nature
pour Eugénie.

Et à cette heure de fièvre ardente qui annonçait les premiers symptômes d'un transport
au cerveau, ces inquiétudes atteignaient leur
paroxysme. . . . .

. . . .

« Ah! je suis mourante, disait-elle à sa
mère, restée seule auprès de son lit... je vais
entrer dans l'éternité... Oui, l'éternité, répétait-elle éperdue... Comprenez-vous ce que
c'est? »...

Puis, se rappelant qu'on allait lui apporter
le viatique :

« Mon Dieu!... mon Dieu! s'écriait-elle...
je vais vous recevoir... vous recevoir pour la
dernière fois... Comme je suis mal préparée!... » Et elle frissonnait en redisant :
« ... pour la dernière fois... pour la dernière
fois. » . . . .

. . . .

Pourtant, sa vie si pure, suivant une expression faite pour elle, avait été pareille à un
champ de neige sur lequel les pas s'impriment
sans laisser de souillure...

Pourquoi donc, à chaque tournant de cette vie immaculée, Eugénie ne voyait-elle que taches, ombres et sujets de remords?...

Parce que craindre, c'est expier. Parce que se sentir souillé sous le regard de Dieu, c'est se purifier par la plus méritoire des souffrances...

Ah! pas une souffrance expiatoire ne devait être épargnée à celle qui se mourait là.

Elle qui croyait ne plus tenir à la vie, à cette vie par avance sacrifiée, s'y reprenait tout à coup, par un de ces retours qui pourraient s'appeler désespérés, si Dieu ne les permettait, pour augmenter le mérite de ceux qu'il appelle à lui.

Le soleil, le beau soleil d'août, qui commence à se voiler des brumes d'automne, se couchait derrière les grands bois qu'elle aimait tant. Eugénie regarda ses rayons qui se jouaient à travers les arbres et arrivaient jusqu'à elle par sa fenêtre entr'ouverte.

« ... Oh! que la vie est belle! soupira-t-elle. Je mentirais si je disais que je la quitte sans

regret... Que ces feuilles sont belles! » Et elle
montrait un grand platane dont les branches
venaient frôler ses vitres.

« ... Ma mère, quand je ne serai plus, vous
viendrez me parler à cette fenêtre... et vous
penserez à moi en voyant le beau soleil ? »...

. . . .

Mais, alors même qu'elle se mourait, Eugénie ne pouvait longtemps faire un retour sur
elle-même. A peine ces mots lui étaient-ils
échappés qu'elle sembla s'en repentir.

Se tournant vers sa mère, elle la regarda
d'un air si suppliant, que la pauvre mère
comprit que l'enfant implorait son pardon.

« ... Ma pauvre mère, dit-elle, quelle
épreuve pour vous !... Comment pourrez-vous
la supporter ?... Mais Dieu me permettra de
vous consoler... Quand je vous manquerai
trop, vous sentirez les consolations que je
vous enverrai... »

Et les hallucinations revenaient, douces, consolantes, cette fois, comme si déjà l'enfant avait entrevu le ciel.

« Je suis dans une si belle maison! Oh! quelles fiançailles se préparent! » . . . : . . . .

. . . .

Le père d'Eugénie entra dans la chambre comme elle parlait. Il lui prit la main, la baisa, suppliant l'enfant de se calmer.

« Oh! ne pensez plus à moi pour ce monde, dit-elle, répondant à cette douce étreinte. Je n'appartiens plus au temps... J'appartiens à l'éternité... »

Et son regard ne démentait point sa parole. Il ne redevenait de la terre que lorsqu'il se reposait sur sa mère. . . . .

. . . .

Cependant, aussi héroïque que sa fille, celle-ci, réfugiée, ainsi qu'elle le disait, « dans le cœur de Dieu », s'occupait avec un calme sublime de préparer la chambre pour la dernière venue de Celui que l'on attendait. Elle couvrit le lit de linges blancs, releva les ri-

deaux et orna de fleurs et de lumières la petite
table à ouvrage de l'enfant.

Puis, elle se mit à lire, d'une voix qui trem-
blait à peine, les prières préparatoires à la
communion.

« Ma pauvre mère, interrompit Eugénie,
vous faites des choses au-dessus de la nature...
Que de reconnaissance je vous dois! Quel
service vous me rendez encore!... »

Et puis, elle se mit à chanter doucement
l'*Alleluia*.

La messe, entre temps, s'achevait à la chapelle. Le prêtre, suivi du malheureux père
d'Eugénie, qui avait voulu accompagner le
viatique, entra et s'approcha du lit.

« Oh! oui, dit l'enfant, je suis bien con-
vaincue, mon Dieu, que vous êtes là!...

« Pardonnez cependant à ma faiblesse... »

Que parlait-elle de faiblesse, quand avec
une force surhumaine et une présence d'esprit
imperturbable elle répondait aux prières,

interrompant le prêtre, plus ému qu'elle-même ?...

Enfin le moment de la communion suprême arriva, et l'immatérielle beauté de son âme transfigura le visage de la mourante. Ce visage, au dire de sa mère, était redevenu si enfantin qu'elle crut revoir ce même visage qui, dix ans auparavant, sous son voile blanc, lui était apparu irradié de toutes les splendeurs de l'extase...

Hélas ! l'heure était donc venue où se réalisaient les pressentiments d'alors !

Quand Eugénie eut communié, elle demeura immobile, les yeux fermés, sans dire une parole, sans que ses lèvres remuassent autrement que pour laisser échapper un soupir qui soulevait sa poitrine, mais doucement et sans effort.

Tout en elle était divinement apaisé. Sans doute, les voiles qui cachent aux mourants les éternelles clartés se soulevaient pour en laisser pénétrer quelque lueur dans cette chambre, devenue le sanctuaire du dernier amour.

Ah ! dans cette chambre où mourait l'enfant, tout était sublime, la résignation de celle qui allait mourir, comme la résignation de ceux qui allaient lui survivre.

Voyant leur fille si calme et si perdue en Dieu, son père et sa mère, comme mus d'une même pensée, se relevèrent et sortirent... Ensemble ils traversèrent les longs corridors du château. Presque inconscients de leurs pas, ils descendirent le perron et se trouvèrent dans le parc. La nuit tombait. Comme le poète l'a dit, « les choses ont aussi leurs larmes »... Tout était morne et triste autour d'eux, lorsque sans parler ils s'engagèrent sous les grands arbres.

Là, vaincue enfin par l'émotion si longtemps contenue, la malheureuse mère éclata en sanglots...

Doucement alors son mari l'attira sur son cœur. Leur enfant était à Dieu avant que d'être à eux. L'admirable chrétien se sentait la générosité de la lui rendre avant qu'il la leur reprît.

« Mon Dieu, s'écria-t-il, nous vous la donnons dès maintenant, si vous la voulez, cet ange de notre vie... »

« Non, n'est-ce pas? — et il s'adressait à sa femme, — nous n'attendrons pas que Dieu exige le sacrifice pour le lui offrir, selon sa volonté sainte. »

« Avant d'y être forcés par la mort, nous vous rendons celle qui vous appartient, ô mon Dieu!...

Et tous deux à genoux, serrés l'un contre l'autre, ils offrirent à Dieu un sacrifice qui lui eût fait violence s'il n'avait été jaloux de celle qu'il leur avait prêtée.

Il n'est plus de Calvaire inaccessible pour qui est capable de tels sacrifices. Quand on les a consommés, « on ne peut plus, suivant une admirable parole, on ne peut plus rien craindre de Dieu ». . . . .

. . . .

Au moment où le père et la mère d'Eugénie revenaient près de leur fille, arrivait un médecin célèbre appelé en consultation.

Il n'apportait, il ne pouvait apporter, hélas ! que quelques-unes de ces illusions, toujours si cruelles et parfois si coupables.

« Croyez-vous, lui dit l'enfant, que je pourrai un jour me relever et me joindre à mon père, à ma mère et à mes sœurs ?

« — Certainement, et bientôt.

« — ...Oh ! alors, comme nous allons nous aimer pour nous dédommager de tout ceci !... »

. . . .

Ce fut sa dernière espérance humaine !

Se tournant vers la vieille bonne qui l'avait élevée :

« ...Ne pleure pas, Catherine, lui dit-elle... Je suis comme une personne qui a attendu toute sa vie le bonheur qu'elle va obtenir... »

Elle ne chercha plus dès lors qu'à habituer

ceux qui étaient auprès de son lit à la pensée de la séparation prochaine.

« Ma mère, c'est la fin. » Et elle souriait. — « Je n'ai plus qu'un tout petit souffle de vie... Allumez un cierge bénit... faites-moi la recommandation de l'âme. » . . . .

. . . .

Vers le matin, cependant, un peu de sommeil amena une détente.

« ...Ma chère mère, dit-elle en se réveillant, j'aurais tant de choses à vous dire !...

« — Plus tard, répondit celle-ci. Tu sais, mon Eugénie, que les médecins te défendent toute agitation...

« — Ah ! gémit-elle doucement, je ne fais plus mes prières... Je ne sais plus où j'en suis, du jour ou de la nuit...

« — Offre à Dieu ta souffrance, ce sera ta meilleure prière », reprenait la mère.

Et le dialogue sur ce ton déchirant se poursuivit deux jours encore.

Pendant ces deux jours les souffrances étaient devenues intolérables.

Lorsque enfin un peu de calme survint, Eugénie, de ses mains déjà blanches comme de la cire, détacha son petit bonnet... ses cheveux se déroulèrent en longues boucles autour de son visage... ses bras se levèrent vers le ciel... Sans doute elle se croyait des ailes...

Sa mère la saisit.

« Oh! non, ne me retenez pas, s'écriat-elle... Je m'envole. » . . . .

. . . .

Dès lors, éveillée ou en délire, elle ne parla plus que de Dieu...

Au matin du dernier jour, cependant, elle s'écria tout à coup d'une voix déchirante :

« Ma mère, ma mère... Venez, venez... Où suis-je ?... Que m'arrive-t-il ?... Je n'y vois plus... »

« ...Jusque-là, a dit celle-ci, son cher visage, quoique coloré par la fièvre, n'avait subi aucune altération... maintenant il était décomposé, méconnaissable... Les yeux fixes ne se relevèrent même plus quand on lui demanda si elle voulait voir les médecins...

« Pourquoi faire ? répondit-elle... murmura-t-elle plutôt... C'est inutile... »

Puis, elle ajouta, avec un sourire navrant, « qu'elle se sentait bien... si bien... qu'elle ne souffrait plus ».

Et peu à peu sa connaissance se perdit encore dans un demi-délire dont elle ne sortit que pour pousser un dernier cri d'effroi :

« ...O mon Dieu ! le jugement!... »

Elle semblait se débattre... se raidir...

Mais ce fut sa seule agonie.

« La Sœur qui la gardait, et moi, nous nous jetâmes à genoux... a écrit sa mère. Les lèvres de la mourante semblèrent s'agiter pour répondre à notre prière... Tout à coup, elles demeurèrent entr'ouvertes, comme épanouies par un divin sourire... C'était son sourire des heures heureuses. Ses yeux prirent un instant la douce fixité de l'extase... puis ils se fermèrent lentement...

« On eût dit que mon enfant s'endormait, car sa tête s'inclina et demeura immobile... Son visage était d'une pâleur de marbre, mais semblait resplendir... Pas un mouvement, pas une contraction ne vinrent déformer cette idéale figure d'ange... »

« ...O mon Dieu, m'écriai-je... je vous la rends aussi pure que vous me l'avez donnée! »

. . . .

Eugénie est là étendue sur son lit. Son front est couronné de roses blanches, blanches comme sa robe... comme ses mains croisées sur le chapelet de sa première communion...

A travers les corridors du château, la foule se presse vers la chambre de la morte. Les malades veulent être guéris à son contact. On baise ses pieds, ses mains, qui sont restés flexibles. On baise jusqu'aux carreaux de sa chambre... Tous n'ont qu'un cri : « ...La Sainte... la Sainte!... »

Cette fois, la voix du peuple a été la voix de Dieu.

Le peuple a demandé des miracles. Il en a obtenu.

L'aïeul d'Eugénie a rebâti l'église. La bien-aimée de sa vieillesse y repose. Et parfois il semble que l'âme de l'enfant revienne planer à l'entour.

Alors l'amour et l'espérance se ravivent dans les cœurs qu'elle frôle de son aile.

N'est-ce pas là le doux miracle par lequel Dieu récompense les prédestinés dont il a fait des Saints ?. . . . .

. . . .

FIN.

APPENDICE

DE L'IMAGINATION

De quel nom faut-il te nommer, capricieuse et puissante fée? Les uns se rient de tes œuvres et les méprisent comme des illusions indignes de l'esprit de l'homme. Les autres t'aiment et te suivent comme la compagne et le charme de leur vie. Pour quelques-uns, tu es la lumière qui leur découvre les beautés invisibles, l'instrument des grandes œuvres, ou au moins la voix douce qui endort en eux le sentiment des misères de ce monde. Pour d'autres, tu es un tyran qui les dévore, l'appel trompeur qui les pousse dans l'abîme, l'écueil où vont échouer leurs plus nobles facultés.

Oh! qu'es-tu donc? Je te connais. Je t'ai

souvent sentie en moi, créant pour les yeux de mon âme des spectacles ravissants. Combien de fois n'es-tu pas venue, dans mes heures de solitude, animant et embellissant tout autour de moi! Alors tu éveillais dans la nature comme un souffle d'harmonie et de beauté; j'entendais des voix mélodieuses dans le bruissement des feuilles et le murmure des insectes; tout s'agrandissait devant moi, et il me semblait que je voyais l'infini au delà de l'horizon enflammé du couchant ou du ciel étoilé des nuits. Oh! comme toute la nature m'a semblé ensuite froide, triste et sans vie, lorsque tu m'as quittée!

Hélas! je n'ai jamais vu encore sur la terre les doux printemps, et les belles montagnes, et les solitudes verdoyantes au milieu desquelles tu m'as si souvent conduite! Et lorsque, inspirée tour à tour par mon intelligence, ma mémoire ou mon cœur, je m'élève au-dessus des choses matérielles, combien de fois ne m'as-tu pas montré sous une forme sensible l'objet de mes études et de mes méditations, les croyances et les désirs de mon âme, et les images chéries de tous ceux que j'aime! N'est-ce pas encore toi, ô imagination, qui parles si doucement au cœur de l'exilé, tandis qu'il écoute en silence

un chant de sa patrie, et qui lui montres comme
un ravissant mirage le bonheur passé? N'est-ce
pas toi qui crées dans l'âme du poète et de l'artiste les visions sublimes que leur génie va nous
révéler?

Que dirai-je aussi de ton activité? Tu es la
première faculté qui se développe dans l'âme de
l'enfant; tu ne t'endors jamais, même quand
tout notre être est enseveli dans le sommeil; il
y a bien peu d'hommes que tu ne visites de
temps en temps et qui ne gardent dans leur
sanctuaire intime une petite place où ils puissent venir t'écouter quelquefois. Dans les âmes
où tu règnes, tu t'assoupis rarement, et il suffit
alors de la moindre chose pour t'éveiller. Mais
qui donc pourrait raconter toutes tes opérations
magiques? . . . .
. . . .

LA VIE

Qu'est-ce que la vie? D'où nous vient-elle? Quel en est le but? Qu'est-elle en elle-même? Qu'est-ce enfin que la mort, cette puissance mystérieuse et terrible qui, seule, a plus de force que la vie?

O redoutables problèmes que les siècles ont creusés en vain, que les générations ont soumis avec angoisse à toutes les intelligences et que jamais aucune science humaine n'a pu et ne pourra expliquer! Dieu seul, le maître et l'auteur de la vie, a pu nous donner la lumière nécessaire pour marcher dans ce chemin dont nous ne connaissons ni l'origine ni le but, et pour attendre avec confiance une lumière plus vive et plus complète. De lui-même, l'homme ne peut définir les mystères de la vie dont il est animé. Elle le pénètre et le presse de toutes parts, et il ne peut dire ce qu'est ce feu immense, universel, qui agit dans tous les êtres, qui leur est

tellement incorporé que sans lui ils n'existe-
raient pas, et qui leur appartient si peu que
le moindre souffle suffit pour le leur enlever.

La vie est répandue avec profusion au dedans
et au dehors de nous. Son haleine glisse sous
l'herbe des montagnes et les épis tremblants
des plaines fécondes; sa voix retentit dans les
mille accents joyeux de toute créature. Elle est
en nous, elle fait mouvoir notre corps, elle
anime notre âme, elle fait battre notre cœur.
Ne l'avons-nous pas souvent sentie dans ces
moments heureux où la volonté est saisie tout
à coup d'une ardeur inconnue, où le cœur bat
plus vite, où l'âme pleine de désirs, d'aspirations, de révélations incomplètes, n'a plus pour
toute parole que des chants ou le silence? Alors,
dans ces moments d'ivresse, nous avons vraiment senti la vie. C'était le mouvement, c'était
la joie, c'était l'union, l'amour, la chaleur et la
lumière.

Mais cette vie que nous révèlent et nos rêves,
et nos émotions, et les splendeurs de la nature
vivante qui nous entoure, est-ce bien là la vie
réelle? O mon Dieu, qui me dévoilera ce mystère?

A côté de ce chant de joie et d'actions de
grâces qui semblerait devoir être la langue na-

tive de tout ce qui a vie en ce monde s'élève une plainte immense. Toute créature gémit ; toute créature est soumise à la douleur, au travail, et enfin à la mort, et plus la vie est abondante en elle, plus il lui faut souffrir et mourir.

L'homme, le plus parfait de tous les êtres vivants, est le plus malheureux et le plus faible. La vie est une douloureuse lutte, une longue chaîne de misères et de souffrances mêlées à quelques jouissances achetées toujours par bien des pleurs. Qui pourrait dire tous les maux qui déchirent une seule âme ? Nous avons soif de bonheur, de vérité et d'amour, et jamais rien ne peut nous satisfaire. Errant au milieu des ténèbres, nous attachant avec l'angoisse du naufragé aux roseaux fragiles du rivage, espérant sans cesse, pour être blessés plus vivement ensuite par l'épine du désespoir, trompés par tous nos désirs, déchirés dans toutes nos affections, énervés par l'ennui qui se trouve au fond de toutes les choses de ce monde, souillés par mille tentations, nous traînons ainsi notre vie malheureuse entre les illusions vaines du matin et l'épuisement du soir. Et puis, à l'heure marquée, une puissance inconnue et terrible nous arrache à ce corps que nous avons considéré comme notre être propre. Un peu de poussière que le vent emporte, un souvenir qui s'éteint bientôt, voilà tout ce qui reste d'un homme qui avait souffert, qui avait aimé, qui peut-être s'était élevé par la pensée jusqu'aux splendeurs des mondes supérieurs. D'autres hommes vont vivre, mourir, être oubliés, là où il avait vécu, là où il est mort. Les générations se succèdent et vont s'engloutir tour à tour dans les abîmes de la mort, et de tant d'âmes vivantes il semble qu'il ne reste plus rien.

Voilà ce que l'homme seul connaît de sa propre vie, et en la voyant si malheureuse et si fragile, il maudit avec Job le jour de sa naissance.

C'est dans cet abîme de ténèbres et de désespoir qu'était plongée la pauvre humanité lorsqu'une grande lumière s'est levée sur elle. Depuis ce jour, une magnifique espérance a traversé notre vallée de larmes; nous savons maintenant l'énigme de notre vie. Non, ce n'est pas Dieu qui a fait nos douleurs; ce n'est pas lui qui a créé la mort. Lorsqu'il nous a tirés du néant, la vie qu'il nous donnait venait de lui; c'était le souffle de sa bouche et comme la communication incomplète de son bonheur et de ses perfections infinies. Nous devions vivre heureux par notre union libre avec la source éternelle de notre vie. Nous nous en sommes séparés de nous-mêmes en nous éloignant de Dieu, et, avec le péché, la douleur et la mort sont entrées dans le monde. Depuis ce jour, le mal a pris possession de nous; nos corps ont été condamnés à la destruction, et le souffle immortel que Dieu avait mis en nous a été la proie de l'ignorance, de la concupiscence et de la douleur. Notre vie primitive n'était plus que l'étincelle cachée sous la cendre, et nous ne pouvions la rallumer par nos propres forces.

Alors notre Créateur, ému d'une pitié ineffable, est venu à nous; le Verbe s'est fait chair, et, par sa mort, il nous donne la vie et la vie éternelle. Ce mystère explique tout.

Oh! oui, mon Dieu, je le comprends; cette vie dont je sens en moi comme les lueurs fugitives, c'est le germe informe de celle que vous nous aviez donnée dès l'origine, que nous avions perdue, et que notre Sauveur est venu racheter. Ce germe éclos sous l'influence du mal et de la mort, il faut que nous le séparions de tout ce qui le souille et l'éloigne de vous; il faut que tout mal soit effacé en lui par ce qui est la peine même du mal, par la mort et la souffrance.

C'est le grand mystère et l'alliance suprême de votre justice, de votre miséricorde et de

notre propre liberté. La vie est une épreuve ;
c'est l'océan agité d'où notre âme sortira, au
matin de son éternité, comme un soleil éblouissant ; c'est la terre obscure où le grain de sénevé germe, se dépouille et meurt pour produire un grand arbre.

O mon Dieu, je le veux ainsi, je veux mourir
à tout ce qui est mal et à tout ce qui est fragile,
parce que tout ce qui n'est pas éternel ne vient
pas de vous et ne peut nous donner la vie. Je
veux croire en vous, en vos perfections adorables, dans la vérité, dans l'amour, dans la
beauté, dans le bien ; j'en chercherai et j'en
cultiverai avec soin les germes que garde encore
notre pauvre terre, et alors quand je serai déli-
vrée de cette vie misérable, ô ravissante espérance ! vous serez vous-même ma joie, mon
amour, ma récompense et ma vie éternelle et
bienheureuse.

FRAGMENTS DE NOTES SUR L'ITALIE

16 février.

Les jours de départ sont toujours tristes. Celui-ci le fut pour moi plus que pour les autres.

Les mots magiques de Rome et d'Italie que nous répétions entre nous soulevaient bien dans mon cœur un flot de désirs et de rêves. Mais la réalisation de cette joie tant souhaitée et si peu espérée m'effrayait, me donnait presque des remords. Peut-être devrais-je dire des pressentiments! Puis, toutes les tristesses des derniers adieux s'ajoutaient à ce trouble pénible et mal raisonné. Le temps était gris, terne comme mon âme, et un brouillard glacé nous enveloppait.

Dans la journée, le temps devint magnifique, et je me sentis peu à peu le cœur plus léger. Ce fut avec une grande joie et une secrète émotion que je revis les petits oliviers gris, les rochers blancs, les chênes verts courbés par le mistral, et surtout la vaste mer si étincelante et

si belle sous les rayons du soleil. Cette nature
sauvage et brûlée de la Provence a pour moi un
charme que je ne puis m'expliquer. Les plus
chers souvenirs me montent au cœur avec le
parfum du thym et du romarin qui couvrent ces
rochers dépouillés, et je sens mon âme s'agrandir devant les horizons sans bornes de la mer.

. . . .

DE MARSEILLE A NICE.

17 février.

Le pays que nous traversons pendant la nuit,
au sortir de Marseille, doit être accidenté et
pittoresque, à en juger par les grandes ombres
de montagnes que j'aperçois entre deux som-
meils. A la première lueur du jour, nous nous
trouvons comme perdus dans un labyrinthe de
petites collines solitaires se croisant en tous
sens. De temps en temps notre regard plonge
dans de belles vallées encore voilées des vapeurs du matin et dominées par des rochers
bleuâtres.

Dans une de ces vallées, plus large et plus

fertile, est la petite ville de Draguignan, où nous nous arrêtons pour déjeuner. De là la route continue, tantôt à travers les oliviers et les blés verts, tantôt côtoyant le pied des montagnes. Enfin le terrain s'abaisse tout à fait, la végétation diminue ; nous apercevons la mer, et à côté quelques restes de ruines romaines couronnées de lierre : c'est Fréjus.

Ici on prend des chevaux de renfort pour la fameuse montée de l'Estérel. On ne passe pas sans frémir à côté de ces abîmes qui se creusent à chaque instant. Ce ne sont plus les rochers hardis et dépouillés de la Suisse, mais un chaos de pentes rapides et uniformes tapissées de romarin et de bruyère. Parfois, la mer nous apparaît, entre deux noirs sommets, comme une éclatante plaque de nacre. Enfin nous arrivons au point culminant. Au milieu des prairies solitaires s'élève une petite maison ; à côté erre un troupeau de chèvres sous la garde d'un vieux berger drapé dans un manteau brun. Il nous regarde passer, appuyé sur son bâton, et sa vue réveille dans mon imagination mille doux souvenirs. J'avais reconnu ce fier et noble type des bergers italiens avec lequel tous les peintres nous ont familiarisés dès l'enfance.

La descente de l'Estérel est moins rapide et

moins sauvage que la montée; les chênes verts
et les chênes-lièges à la noire écorce reparaissent
d'abord, puis les oliviers, et une plaine d'une
richesse incomparable s'ouvre devant nous. Le
soleil, en s'abaissant à l'horizon, l'inonde et
l'enveloppe d'une vapeur lumineuse. La petite
ville de Cannes nous apparaît, caressée par les
flots de la mer et dominée par de hauts sommets
neigeux, derniers reflets de la nature alpestre
en face des splendeurs naissantes de l'Italie.
Les Anglais, qui s'entendent si bien à vivre
agréablement en ce monde, ont une prédilection pour cette ravissante petite ville et l'ont
entourée de châteaux forts où ils peuvent faci-
lement évoquer les plus poétiques souvenirs de
la chevalerie espagnole, au milieu de leurs jardins d'orangers, de roses et d'aloès.

A partir de Cannes, la route court dans d'immenses forêts d'oliviers dont les rameaux légers
et capricieux nous cachent à peine les teintes
chaudes du couchant. C'est un jardin continuel,
et pour couronner toutes ces splendeurs s'élève
à l'horizon la chaîne des Alpes Maritimes. Nous
voyons passer à quelques pas de nous la petite
ville fortifiée d'Antibes, posée comme un nid de
mouettes sur un rocher qui s'avance dans la
mer; puis, de l'autre côté, de beaux villages

cachés sous des touffes d'oliviers et s'étageant sur les coteaux des montagnes.

Nous regardons avec joie cette nature si riche et si nouvelle pour nous; nous suivons avec une curiosité croissante des groupes de paysannes qui reviennent des champs, portant sur leurs têtes le petit mouchoir et le chapeau pointu des femmes de Nice.

Enfin, nous traversons sur un pont de bois une large rivière à moitié desséchée. Il faisait nuit, le vent agitait les feuilles des peupliers, la lune n'éclairait qu'une grande plage basse et sablonneuse, et cependant tout ce que je voyais, tout ce que j'entendais me donnait de l'émotion. O Italie! c'était ton sol que je foulais, c'était ton souffle qui caressait mon visage! O patrie de la foi et du génie, douce terre que j'avais tant aimée et tant désirée, avec quel bonheur je m'élançais vers toi!

NICE.

19 février.

Il manque à Nice tout ce qui donne à une ville un caractère distinct : il n'y a point de

monuments, peu d'églises, des rues droites bordées d'hôtels, une population d'oisifs, d'étrangers et de malades. Il faut aller bien loin pour
arriver au quartier des pêcheurs, où l'on retrouve
un peu de vie et de nationalité. Une grande
impression de tristesse me serrait le cœur en
errant dans ces rues où le luxe et le plaisir cou-
doient sans cesse la souffrance et la mort. Il
faisait froid, et un ciel gris se liguait avec mes
pensées sombres et malveillantes pour me voiler les charmes qu'on vient chercher de si loin
dans ce petit coin de terre.

J'étais injuste, car rien n'est plus beau que le
spectacle de la ville de Nice du haut du rocher
couronné d'aloès et de lauriers qui s'élève au
bord de la mer. Lorsque nous y arrivons, le
soleil éclaire à demi les flots qui se brisent avec
violence contre les hautes et arides montagnes
de la côte. Ces rochers protègent une petite
plaine fertile où Nice s'étend jusqu'au rivage, au
milieu des bosquets d'orangers. Derrière elle
s'élèvent de hautes collines couvertes d'oliviers
dont le feuillage sombre semble les revêtir d'un
noir manteau. Au-dessus percent les maisons
blanches du rivage, les clochers et les façades
somptueuses des châteaux et des villas. Nous
sommes tous éblouis par ce splendide tableau.

Mais, comme si ce jour-là la tristesse dût se
mêler à toutes nos admirations, à peine avons-
nous quitté le sommet du rocher que nous nous
trouvons à côté du cimetière, et bientôt la vue
mélancolique de ces tombes étrangères où tant
de morts bien-aimés dorment loin de leur pays
et de ceux qui les pleurent nous ramène aux
plus sombres réalités de la vie.

DE NICE A GÊNES.

Première journée, 20 février. — Dès la
veille au soir, nous nous étions arrangés avec
un *vetturino*. Le lendemain de bonne heure, nous
nous embarquons dans une jolie voiture, et nous
remettons joyeusement nos personnes à la garde
de deux maigres haridelles et d'un brave cocher
savoyard à la figure singulièrement nulle et
pacifique.

En quittant Nice, nous commençons à gravir,
au milieu des forêts d'oliviers, les hautes montagnes qui entourent la petite ville parfumée.
A mesure que nous nous élevons, le paysage
qui s'étend à nos pieds devient plus grandiose.
En même temps la végétation diminue, et bien-

tôt nous n'avons plus devant les yeux que des
rochers arides et nus et des pentes abruptes et
sans verdure. Tout à coup, vers une petite
maison perdue dans cette région déserte, la
route tourne brusquement vers l'autre côté de
la montagne. Nous sommes suspendus au-dessus d'un effroyable abîme; à nos pieds, entre
deux pentes rapides et couvertes d'une verdure
sombre, la mer nous apparaît baignant de ses
eaux paisibles un petit golfe solitaire et profond. De toutes parts nos yeux ne rencontrent que des amas de rochers qui bordent la
côte; le ciel est obscur, les flots sont sans
couleur et sans éclat, un grand silence plane
sur cette sauvage solitude.

Alors commence, le long de ces rochers sans
végétation, une longue et effrayante route lancée
comme une étroite corniche au-dessus d'un pré-
cipice sans fond. Lorsque nous y plongeons le
regard, que de tableaux étranges et gracieux
s'élèvent devant nos yeux comme des rêves de
fées! . . . .
. . . .

Deuxième journée, 21 février, dimanche. —
Nous entendons la messe à Menton, dans une
grande église surchargée de peintures, au milieu

des bonnes femmes du pays, dont le recueillement nous édifie beaucoup. La ville a un aspect
pittoresque et animé; les petites rues mon-
tueuses sont pleines de groupes joyeux; les
femmes sont belles et gracieuses à voir avec
leur mouchoir noué sous le menton; les hommes
portent la redingote grise et le bonnet rouge
des pêcheurs. . . . .

A neuf heures, nous sommes établis dans la
voiture et nous recommençons à monter au
milieu des orangers et des petites villas peintes
en rose tendre ou en jaune éclatant. La route
suit tous les détours de la côte, s'élevant au
sommet des montagnes arides, courant dans les
bois d'oliviers, s'enfonçant dans les anfractuo-
sités des rochers humides, ou suivant la plage
sablonneuse de la mer. De temps à autre, nous
franchissons de larges torrents desséchés qui
descendent des cimes blanches des Alpes, au milieu d'un splendide amphithéâtre de montagnes.
Puis tout à coup des villages de pêcheurs se
dressent devant nous, semblables à une déco-
ration de théâtre. Nous suivons à la hâte la
rue montueuse et étroite à travers la population animée et bruyante, et nous recommençons à gravir les rochers désolés, l'esprit plein
de ces gracieuses apparitions.

Je jouissais délicieusement de ces beaux tableaux ; je leur trouvais presque tout le charme des vieux amis ; il y avait si longtemps qu'ils habitaient mon imagination ! . . . .

Nous nous arrêtons pour dîner à San Remo ; la végétation devient ici d'une richesse sans égale : les oliviers, les orangers, les aloès, couvrent de leurs touffes robustes le pied des montagnes. Au-dessus, les palmiers dressent leurs têtes gracieuses ; ce sont eux qui ont le privilège de fournir les palmes à Rome, le dimanche des Rameaux. La ville, qui a une physionomie étrange et presque orientale, nous apparaît comme noyée dans ces flots de verdure.

Après San Remo, les orangers et les palmiers deviennent plus rares. Deux heures avant Oneglia, où nous devons passer la nuit, le jour baisse ; un vent violent et froid commence à s'élever ; la route est déserte, aride, dominant la mer à une hauteur effrayante. Çà et là des tours ruinées, bâties pour défendre la côte contre les pirates sarrasins, se montrent sur les rochers solitaires et servent d'asile aux mouettes, qui viennent s'y abattre en poussant des cris sauvages. Tout ce pays est d'une tristesse affreuse. Enfin, nous entrons à Oneglia ; nous allons chercher un gîte dans un vieil hôtel bruyant,

mal tenu, plein de grandes salles délabrées et
de vieux portraits grimaçants.

Troisième journée, 22 février. — . . . Nous
rencontrons sur la route une foule de petits villages baignés par la mer et environnés d'une
ceinture de montagnes vertes. A mesure que
nous avançons, les rochers semblent grandir et
s'étendre indéfiniment, le paysage devient d'une
sévérité qui nous glace, la mer sombre et me-
naçante s'étend au loin devant nous, battant
avec force le pied des montagnes. Le bruit des
flots et des vents forme autour de nous une
harmonie sauvage; je l'écoute avec un charme
secret, et je me laisse aller en silence à ce
frémissement de l'âme devant les grandes scènes
de la nature qui lui font entrevoir quelques
vagues rayons de l'infini. . . . .
Nous nous arrêtons à Finale. C'est une jolie
ville assez bien bâtie, avec un petit port; elle a
une belle église surchargée de marbres, de dorures, de fresques : une véritable église italienne
à laquelle il ne manque pas même le vieux petit
sacristain venant avec empressement offrir aux
voyageurs de leur tirer les rideaux qui cachent
d'horribles statues habillées. L'hôtel de Finale
est un ancien palais avec un somptueux esca-

lier de marbre, une grande salle dominée par une voûte élevée; le tout orné de peintures affreuses, impossibles à décrire, conserve un certain air de splendeur misérable qu'on retrouve à chaque pas en Italie.

La nuit s'avance lorsque nous quittons Finale; la route devient de plus en plus effrayante : bientôt ce n'est plus qu'un étroit balcon creusé le long des montagnes et lancé au-dessus de la mer. Les rochers qui nous entourent deviennent plus hardis, et leurs formes bizarres semblent grandir dans les ténèbres. Enfin voici Savone; nous y trouvons un excellent hôtel, du bouillon chaud, des chambres superbes et des lits immenses où l'on dort en grande pompe. . . . . .

. . . .

. . . .

GÊNES.

A Gênes, j'entrai vraiment en Italie; je prenais possession de ce monde de l'art et de l'idéal que le génie a su créer sur ce sol enchanté. Il y a vraiment quelque chose de solennel dans cette première initiation de l'art aux grandes leçons du passé et aux éternelles merveilles du génie. Aussi c'est avec une sorte de recueillement que je suis entrée dans les églises et les palais de Gênes. J'en suis sortie éblouie et enivrée, et cependant ce que je voyais n'était qu'un bien faible reflet de ce que je devais admirer plus tard.

Depuis longtemps Gênes la Superbe, la ville des doges, la fière et puissante république, n'est plus qu'un port de mer bruyant et animé, mais sans importance. L'époque qui l'éleva si haut est maintenant bien loin de nous ; mais en voyant tout ce qu'elle a laissé, on sent passer comme un dernier souffle de l'esprit entreprenant qui l'a rendue si forte et si brillante. Les monuments de la grandeur de Gênes sont encore debout et font resplendir au soleil d'Italie leurs richesses et leur beauté. Il y a des rues entières bordées de palais ; plusieurs sont habités par d'anciennes familles, et le peuple semble avoir du respect pour tous ces noms qui font sa gloire. Ces magnifiques demeures sont en marbre. Il semble que sous ce ciel éclatant, sur cet amphithéâtre de collines pittoresques qui s'ouvrent aux rayons du soleil comme un splendide écrin, le luxe seul puisse avoir une place. Le goût de la richesse et de la somptuosité est ce qui domine à Gênes, dans les palais, dans les églises, dans les splendeurs même de la nature; aussi lorsque, en face de ce décor éblouissant, on veut revenir vers le passé, le souvenir des travaux et des guerres de la laborieuse république se perd dans celui de la puissante reine des mers.

La position de la ville est magnifique : un amas de collines à la tête chaude et brûlée par le soleil entourant un golfe profond, au pied duquel s'étagent une foule de maisons, de coupoles, de tours environnées d'orangers, de magnolias et de lauriers; voilà ce qu'est Gênes. On ne peut s'imaginer la splendeur de ce tableau lorsqu'on le voit du haut des jardins qui dominent la ville.

Nous passons à Gênes quatre jours employés à visiter les églises, les palais et les villas. Les églises, sauf la cathédrale et Sainte-Marie de Carignan, se ressemblent toutes ; elles sont d'une grande richesse, couvertes de dorures, de peintures et de marbre. On leur reproche souvent d'avoir une certaine apparence théâtrale. Ce n'est pas certes l'impression qu'elles m'ont produite. Je n'oublierai jamais la religieuse émotion dont j'ai été saisie en entrant dans l'église de l'Annunziata. Je suis restée d'abord comme éblouie de ce luxe de dorures et d'ornements auquel nous ne sommes pas accoutumés en France ; puis j'ai laissé mes regards errer sur toutes les peintures qui m'entouraient. Partout des légions d'anges, de saints, de martyrs, à genoux sur les nuages, chantaient les louanges de Dieu. Peu à peu il me semblait que toutes ces têtes créées par le génie et la foi s'animaient devant mes yeux ; je les sentais vivre à côté de moi, me parler des secrets du ciel et réaliser comme une vision du Paradis. Il me semblait que le nuage qui nous cache le monde de l'infini s'écartait à demi, et que j'entrevoyais un instant les splendeurs de l'éternel Hosannah...

Je n'essayerai pas de dépeindre les palais de Gênes. Les architectes célèbres qui les ont construits ont su varier à l'infini leurs splendides façades ; mais c'est toujours le même style, simple, noble et riche à la fois. Parmi tous ces palais, je n'en ai vu que deux, le Palais-Royal et celui d'André Doria, qui aient une belle vue sur le port. Les autres sont dans des rues sombres ; tous ont leurs salons et leur galerie au troisième étage, ce qui est peu agréable aux jambes des visiteurs. L'ancien palais des Doges, un des premiers que nous ayons visités, a une imposante façade, style de la Renaissance, et une vieille tour mauresque. Il n'y a rien à voir au dedans; mais que de souvenirs assaillent l'imagination lorsqu'on descend ce large escalier où ont passé tous les grands hommes de la République! Je voyais se dresser devant moi mille scènes d'une autre époque; je sentais revivre les noms illustres qui en ont fait la gloire : Christophe Colomb, André Doria et tant d'autres. . . . .

Le palais Brignolle et le palais Balbi ont un vrai musée de magnifiques tableaux. Là j'ai vu pour la première fois les œuvres des grands peintres et j'ai compris la magie de leur art; j'en suis sortie l'imagination pleine de ravissantes visions qui m'ont suivie longtemps après que j'eus quitté Gênes. Je croyais ne les oublier jamais, mais aujourd'hui où d'autres émotions ont passé sur ces premiers souvenirs, je ne me souviens plus de rien, si ce n'est du charme enivrant que j'éprouvais à retrouver sur ces toiles quelques rayons de la beauté idéale qui est le rêve de toutes les âmes.

Nous avons aussi visité à Gênes la villa Pallavicini, bâtie depuis quelques années à peine et à quelque distance de la ville. Hélas! combien les grands seigneurs génois ont dégénéré depuis leurs ancêtres!

Cette ville, qui a coûté des sommes énormes,

n'est qu'un bizarre assemblage de pavillons, de
grottes, de lacs en miniature. Tout cela, heureusement, ne peut nous cacher le spectacle de
la mer s'étendant étincelante à nos pieds, et le
luxe d'une végétation exotique qui nous enveloppe de ses parfums et de son éternelle verdure. . . . .

. . . .

. . . .

PISE.

1er mars.

Gênes m'avait éblouie; Pise m'a émue. Je
n'ai jamais rien vu de si propre à frapper l'imagination. L'aspect de Pise est triste; les maisons sont régulières, bien bâties, beaucoup sont
anciennes; les rues sont bien pavées, mais
désertes et silencieuses. L'Arno roule au milieu
de la ville, profondément encaissé dans les murailles des quais; mais à part le nom du fleuve,
il n'y a là rien qui parle des gloires du passé.
Tout à coup, dans une grande place isolée où
croît l'herbe des ruines, entourée d'un côté par
les hautes murailles de l'antique Pise, on voit

s'élever comme une grande et imposante vision le dôme avec sa coupole et ses mille colonnes, le Baptistère et la Tour penchée. Ces monuments debout et entiers survivant seuls à la civilisation qui les avait élevés, m'ont frappée d'un respect et d'une émotion que je n'avais jamais éprouvés auparavant. . . . .

A gauche du Baptistère est le Campo Santo. C'est un cloître gothique, d'un aspect triste et imposant; au centre est la terre rapportée de Jérusalem et mêlée maintenant à la cendre des générations écoulées. Le long des cloîtres sont dispersés de nombreux tombeaux, confondus avec des sarcophages et des bustes antiques fort remarquables, mais qu'on aimerait mieux voir dans un musée. Les murs sont peints à fresque par d'anciens peintres, et, malgré les ravages du temps et la grossièreté des peintures, il y a encore dans ces gigantesques ouvrages des figures charmantes pleines de naïveté et de grâce. C'est là, au milieu des tombes, en face des derniers restes d'un passé glorieux, mais éteint pour jamais, que sont les grandes fresques d'Orcagna, représentant le Triomphe de la Mort, le Jugement dernier et l'Enfer. Je suis restée longtemps devant ces peintures énergiques. Mes yeux et ma pensée allaient alternativement de cette sombre figure de la Mort frappant la jeunesse, le plaisir et l'espérance, aux tombes et aux ruines qui m'environnaient. Il y avait ici la plus effrayante réalisation du triomphe de la Mort. Tous ceux qui avaient transporté cette terre vraiment sainte, le peintre qui avait tracé ce grand tableau, les générations qui avaient passé devant lui, tout était tombé sous la faux terrible ; je la sentais levée sur moi et sur les miens. Cette pensée était effrayante, mais elle n'était pas sombre ; elle ne me désespérait pas. Je regardais, à côté de ces cadavres, la figure de l'âme s'envolant vers le monde de l'éternité sous la forme d'un petit enfant, et je sentais que la mort pour le chrétien n'est qu'une nouvelle naissance.

FLORENCE.

Samedi 13 mars.

C'est aujourd'hui seulement que je puis reprendre mon petit journal. Que de mauvais jours j'ai passés depuis la belle et émouvante journée de Pise ! Que d'inquiétudes et de tristesses (1) !

(1) La mère d'Eugénie était tombée gravement malade en arrivant à Florence.

Les plus sombres réalités de la vie venaient ainsi me saisir au milieu ·des splendeurs de l'art et de la poésie. J'ai bien compris alors que les joies de ce monde sont peu solides, et que cette ivresse de l'esprit et de l'imagination ne peut jamais être qu'une rare exception dans notre vie. Devant mes inquiétudes, mes chagrins et mes angoisses, l'Italie s'est dépouillée subitement de son prestige; je ne l'ai plus vue que comme une terre étrangère où je n'avais que des sujets de tristesse et aucune main pour me relever.

Enfin, que le bon Dieu soit béni de tout, des épreuves et des consolations, de la maladie et de la santé, de nos inquiétudes passées et de nos joies présentes! Aujourd'hui seulement où j'ai le cœur plus épanoui, j'ai pu admirer de nouveau et me sentir saisie devant tant de chefs-d'œuvre et de grands souvenirs.

Florence est vraiment la ville des grands hommes et des grandes œuvres; il y règne encore je ne sais quel souffle artistique qui vous pénètre de toutes parts. A chaque instant, on se sent ému par quelque glorieux souvenir ou par les œuvres éternellement belles des grands peintres d'Italie. Florence ne ressemble à aucune des villes que j'ai vues jusqu'à présent; elle n'est pas bruyante, animée et pittoresque comme Gênes; elle n'est pas austère et mélancolique comme Pise. C'est encore une capitale avec de grands quartiers neufs, des rues larges et bien alignées, beaucoup de beaux équipages, des magasins français et anglais, un grand mouvement de touristes et de visiteurs de tous les genres. Les restes de l'ancienne splendeur de la République y apparaissent à chaque pas, presque toujours bien entretenus et conservés avec respect. On sent que la vie ne s'est pas retirée de ce peuple, mais qu'elle s'est étrangement amoindrie. Les monuments de Florence ont un aspect plus grandiose que ceux de Gênes et frappent bien autrement l'imagination. Ces palais sont des forteresses avec d'énormes blocs de pierre à demi taillés, d'une architecture triste et imposante, mais pleine de cette élégance mauresque que j'avais rêvée pour les palais de Venise. Ils m'apparaissaient comme l'image de cette merveilleuse civilisation des villes italiennes, si agitées, si pleines de passions haineuses et de grands sentiments, si brillantes et si fécondes en sublimes inspirations.

Je voudrais savoir bien des choses sur ces temps qui ressemblent si peu à notre état présent. Je ne sais rien; je ne vois que l'extérieur. Je regarde tout éblouie les œuvres éternelles sorties de ce foyer brûlant et fécond, comme on voit passer les étoiles filantes sans rien savoir sur leur origine et la raison de leur existence. .

. . . .

Le palais Pitti m'a révélé un monde sublime et inconnu; je sentais vivre autour de moi tous ces chefs-d'œuvre; chacun d'eux me faisait pénétrer dans les hautes et mystérieuses régions de l'art, que je n'avais fait que pressentir.

Devant la *Mise au tombeau* du Pérugin, je n'étais pas éblouie comme devant les œuvres de Raphaël, de Fra Bartolomeo, d'André del Sarto; j'étais véritablement émue; je ne pouvais m'arracher à cette scène pleine de douleurs et de consolations célestes. Je sentais pénétrer en mon âme cette amertume profonde et résignée, cet amour ardent, cette adoration tendre et naïve de la Vierge et des saints. Dans toutes les peintures du Pérugin et de la plupart des peintres de cette époque, la forme n'est que l'expression d'une pensée si pure, si sainte, si naïve, qu'elle semble être comme un reflet du ciel. Ce ne sont plus les yeux qui jouissent en regardant ces suaves visages; c'est le cœur qui les sent, qui les comprend.

Longtemps j'ai eu devant les yeux cette belle figure de la Vierge penchée sur son Fils, le regardant avec des yeux d'amour comme pour lui parler encore et retrouver en Lui la vie qui s'y est éteinte. Autour sont les saintes femmes et les apôtres, les uns priant à genoux, les autres contemplant le corps de leur Sauveur dans une muette et profonde adoration; dans le fond, un paysage mélancolique et calme. Non, ce n'est pas là l'image d'une douleur terrestre; ce n'est pas encore un tableau du ciel pourtant; c'est une révélation de la vie calme et profonde de l'âme unie à Dieu. . . . .
. . . .

DE FLORENCE A ROME.

Lundi 5 avril.

Voici deux jours que nous avons quitté Florence; nous marchons vers Rome, la grande patrie de tous ceux qui ont une âme chrétienne! . . . .
Nous avons laissé Florence, le cœur ému, nous y avons tant souffert, qu'il nous semblait abandonner à chaque pas un lourd fardeau d'an-

goisses et de douleurs. A cette joie de la délivrance se mêlaient l'inquiétude du voyage et l'émotion des adieux. Nous avons tous pleuré en quittant notre pauvre Giuditta, la garde de ma mère ; qui sait quand nous la reverrons ? . . . .

On nous a inondés de fleurs à notre départ. Oh ! les vraies fleurs que nous emportons de Florence, celles qui ne se flétriront pas sous la poussière du chemin, c'est le souvenir de tous les témoignages affectueux et sympathiques que nous avons reçus et qui nous ont fait tant de bien ! Ce sont là des fleurs que la Providence fait pousser sur les terres les plus arides et les plus épineuses. Et maintenant, que Dieu protège notre voyage et qu'Il le rende salutaire à notre chère malade. C'est ma plus ardente prière pendant que mon imagination galope avec les chevaux vers les splendeurs de la Ville éternelle. . . . .

SIENNE.

Quelle ville étrange et pittoresque ! Des rues entières bordées de palais gothiques, des églises sombres et austères. C'est tout le moyen âge qui revit autour de nous. Il me semblait être transportée subitement dans ces siècles orageux, mais pleins de foi et de grandes et généreuses inspirations, souillés par d'horribles crimes, mais illuminés par les plus héroïques et les plus touchantes vertus. A peine si la vue des costumes modernes peut détruire l'illusion.

Chacune des villes italiennes a une physionomie différente. Pise, la fière, riche et aventureuse république, ressemble à une reine déchue retirée dans un orgueilleux silence. A Florence, il y a comme un épanouissement de force, de richesse et de grandeur; l'art y arrive au point extrême de la perfection. A Sienne, il est plus spontané, plus instinctif et en même temps plus original; le style gothique y règne dans toute sa simple et mystérieuse grandeur.

Je suis arrivée à Sienne, l'esprit et le cœur pleins de l'image de ma chère sainte Catherine. J'ai trouvé son souvenir vivant partout; j'ai été voir la petite maison où elle habitait avec son père, au fond d'une étroite ruelle. On n'y a rien changé; seulement on a établi un autel dans chaque chambre et on a couvert les murs de belles fresques. J'ai vu la boutique du teinturier Benincasa, la cuisine où sainte Catherine s'occupait des soins du ménage, une petite galerie ouverte d'où elle pouvait apercevoir, entre

les toits des maisons, le ciel et le clocher dé-
coupé de la cathédrale. Je suis entrée avec
respect et émotion dans tous ces sanctuaires si
petits et si humbles en apparence, mais si
grands aux yeux de Dieu. Je me suis agenouillée devant le crucifix où elle priait, j'ai prié de
tout mon cœur dans sa pauvre petite chambre ;
l'air et le soleil pouvaient à peine y entrer, mais
elle était illuminée par toutes les splendeurs
du ciel ! J'ai recommandé de toute mon âme à
ma chère sainte ceux que j'aime ; je suis sûre
qu'elle m'a vue et qu'elle m'a entendue. . . . .

. . . .

La perle de Sienne et l'un des plus beaux
joyaux de ce diadème d'églises dont la foi des
Italiens a couronné leur belle et catholique
patrie, c'est le Dôme, cette éblouissante cathédrale entièrement revêtue, au dedans et au
dehors, de marbre blanc et noir. De quelle
émotion j'ai été saisie en entrant dans cette
église mystérieuse et imposante ! On y disait
la grand'messe de Pâques ; des torrents d'harmonie couraient sous les sombres voûtes ; mes
regards s'enfonçaient dans une forêt d'arceaux
et de colonnes ; je marchais comme enivrée, au
milieu d'un peuple de statues et de tableaux
qui tous me parlaient de Dieu et me montraient

le ciel. Je croyais vraiment être dans un coin
du Paradis ! . . . .

. . . .

7 avril. — Voici une date que je n'oublierai
jamais ; ce soir, dans quelques heures, nous
serons à Rome !... Oh ! comme le cœur m'a
battu ce matin, lorsque cette pensée m'est arrivée ! Nous sommes partis par un temps ravissant, tous en joie et en santé. Au sortir de
Viterbe, nous avons gravi, au milieu d'une magnifique forêt de chênes, la montagne de Bimato. Derrière nous s'entr'ouvrait la plaine
immense de Viterbe, voilée par les vapeurs du
matin, et terminée à l'horizon par le lac Bolsena
et les sommets arides de la frontière toscane.
Tout à coup, au-dessous de nous, dans une
gorge arrondie et verdoyante, nous avons aperçu
un petit lac bleu, limpide, bordé de prairies solitaires. C'était le cratère d'un ancien volcan.
Rien ne peut rendre le calme et la fraîcheur de
ce paysage.

Au bas de la montagne, au village de Ronci-
glione, commence la campagne romaine. Depuis ce moment, nous courons au milieu d'une
plaine immense, sans arbres, sans habitations,
couverte d'une chétive verdure et interrompue

çà et là par quelques légères ondulations de terrain.

Il y a une heure, le conducteur nous montra de loin un dôme et une flèche à l'horizon ; c'était Saint-Pierre de Rome !

Maintenant, je ne vois plus rien que le désert, la solitude immense et sans bornes. J'attends, j'espère, je rêve au passé, au présent, à cette Ville éternelle que tant de siècles ont saluée comme la reine du monde, et que l'avenir couronnera d'une gloire éternelle ! Je pense aux nouvelles qui nous y attendent et dont je suis inquiète ; mille souvenirs, mille émotions se pressent dans mon cœur !... O Rome, patrie de tous les cœurs chrétiens, rêve de toutes les imaginations et de toutes les intelligences, avec quel bonheur et quel amour je te salue de loin ! . . . .

ROME.

14 avril. — Je l'ai vue enfin cette grande Rome qui régnait autrefois sur tant d'esclaves et qui est aujourd'hui la reine de tant de cœurs généreux !... Et je ne sais que dire sur les émotions de joie, d'admiration, de ferveur et de foi qui ont bouleversé mon âme pendant ces huit jours.

Rien ne peut exprimer la séduction que Rome exerce sur l'âme et sur l'intelligence, la magie de ses grands souvenirs, le charme de cette campagne déserte et sans bornes, semée de ruines, parsemée de pins solitaires, où la rêverie s'égare et a comme un pressentiment de l'infini. Mais, heureux encore une fois celui qui, au delà de la ville des ruines et des morts, salue la Ville éternelle, la Rome vivante et à jamais féconde qui nous ouvre la vie de l'éternité ! Oh ! comme ces grands temples du christianisme émeuvent le cœur à côté de ces débris des siècles écoulés ! Voilà tout ce qui reste de cette redoutable puissance, la plus grande qui ait été donnée aux hommes et qui, après avoir couvert la terre de sang et de corruption, est devenue maintenant comme le marchepied du tombeau d'un obscur pêcheur !

J'avais peur de rencontrer à Rome les abus dont on m'avait tant parlé : je n'y ai rien vu qui ne m'ait édifiée, qui ne m'ait remplie d'un sentiment profond de respect et de vénération, et, en voyant les attributs sacrés de l'Épouse de Jésus-Christ, je disais comme saint Thomas : « Mon Seigneur et mon Dieu !... »

. . . .

DE ROME A NAPLES.

15 avril.

J'étais heureuse, en quittant ma chère Rome, de penser que j'y reviendrais dans quelques jours.

Nous sortons par la porte de Saint-Jean de Latran. Nous voici sur la grande voie Appienne, au milieu des plus saisissants souvenirs du monde romain. Dans les prairies désertes s'élève une longue suite d'aqueducs à demi brisés d'où sortent des touffes de verdure, dernière et poétique couronne dont la nature orne les grandeurs déchues. Çà et là, de petits monticules, des colonnes renversées, des amas de pierres nous indiquent des tombes illustres. La nature qui nous entoure est sauvage et grandiose ; tout porte l'âme aux pensées fortes et graves. Au fond s'élève devant nous une chaîne de collines à pentes douces. Ce sont les monts Albains.

Bientôt nous commençons à gravir ces montagnes, au milieu des chênes et des oliviers ; au bout d'une heure, nous arrivons au pittoresque village d'Albano. Nous déjeunons et nous allons visiter les environs.

Albano est la véritable petite ville italienne,
avec des rues en pente pleines de lumière et de
mouvement. Les femmes sont belles, et leur
costume est ravissant de grâce et d'élégance ;
nous les voyons réunies autour d'une fontaine,
portant sur leur tête des vases aux formes antiques. Au-dessus de la ville, nous avons une
vue admirable sur les collines verdoyantes d'Albano, la plaine qui s'étend à leurs pieds, et la
mer s'allongeant à l'horizon comme une large
bande d'azur.

Quelques pas plus loin, nous nous arrêtons,
saisis d'admiration, devant un des plus beaux et
des plus étranges spectacles que j'aie jamais vus.
Au-dessus de nous se creuse une sorte de bassin
surmonté par un amphithéâtre de montagnes
volcaniques, sauvages et revêtues d'une puissante végétation. Cette ceinture sombre entoure
un petit lac paisible, et s'ouvre dans le fond
pour laisser apercevoir la vaste étendue de la
campagne romaine. C'est sur un des derniers
échelons de cette colline qu'est le joli village de
Castel-Gandolfo, où le Pape va passer quelques
semaines pendant l'été. . . . .
. . . .
. . . .

16 avril.

Au delà de Velletri, nous arrivons dans une grande plaine, d'abord fertile et bien cultivée. Peu à peu, les habitations disparaissent, les champs deviennent plus rares ; leur verdure d'un ton vigoureux se distingue au milieu des immenses prairies peuplées de troupeaux de bœufs aux cornes gigantesques, de chevaux sauvages et de buffles.

Nous sommes dans les marais Pontins ; une grande solitude règne autour de nous, mais la nature nous sourit de toute part.

La route, qui est l'ancienne voie Appienne réparée par Pie VI, suit un canal creusé pour l'assainissement du pays et bordé des seuls arbres qui s'élèvent dans cette immense et verdoyante plaine. Beaucoup de prairies sont marécageuses, et nous voyons jaillir des milliers de gouttelettes brillantes sous les pas des chevaux sauvages. De temps en temps, quelques maisons abandonnées nous montrent les efforts de l'homme pour lutter contre la puissance invincible qui domine seule dans ce désert. Cette grande solitude monotone, paisible et silencieuse, n'est pas sans charme ; elle repose l'esprit et les yeux. . . . .

SORRENTE.

20 avril.

C'est à Sorrente que j'ai eu la première idée des enivrements de Naples. Le temps était admirable, la mer étincelait à nos pieds, et le ciel avait cette transparence et cette pureté profonde que nous ne connaissons pas dans nos pays.

A mesure que nous traversions les villages de Résina, de Portici, de Torre del Greco, de Torre dell' Annunziata, qui forment comme une ceinture magique sur cette rive enchantée, le golfe de Naples se déployait devant nos yeux dans toute sa splendeur.

De Castellamare, une voiture nous a conduits à Sorrente en deux heures. La route pour y arriver, tantôt suspendue au-dessus des rochers à pic, tantôt courant dans les bois d'orangers et de citronniers, entre les haies de rosiers en fleur, me semblait plutôt un rêve de fée qu'une réalité. J'osais à peine parler, tant je craignais de rompre le charme dont je me sentais enveloppée.

Le haut de la montagne qui domine Sorrente

est aride et sauvage : c'est ce qu'on appelle le désert. De là, nous avons vu s'étendre devant nos yeux éblouis les deux golfes de Naples et de Salerne, avec les hautes chaînes de montagnes qui les entourent, les villes blanches qui les bordent et semblent s'endormir au doux bruit des flots. Les îles d'Ischia, de Caprée, de Procida, sortent des vagues étincelantes de lumière comme les antiques Néréides que la Fable plaçait sur ces rives enchantées. Rien ne peut donner une idée de la splendeur et de la grâce infinie de ce tableau. Il me semblait que mon âme tout entière avait passé dans mes yeux.

Nous sommes redescendus enfin. Le soleil se couchait ; nous avons dîné au bord de la mer, sur une terrasse, tandis qu'autour de nous des musiciens jouaient des barcarolles sur leurs harpes et leurs guitares.

Je me laissais doucement emporter par ce flot d'harmonie, qui trouvait son écho dans tout ce qui m'entourait. L'air était doux ; un souffle léger s'élevait de la mer, tout imprégné du parfum des rosiers en fleur. A nos pieds, les flots s'agitaient en murmurant contre les rochers de la côte. De temps en temps, de petites barques glissaient devant nous et nous envoyaient en

passant le refrain de leurs joyeuses chansons.
Mes regards erraient avec ravissement de cette
belle et imposante côte de Sorrente à la ligne
bleuâtre de rochers qui s'élève de l'autre côté
du golfe. Mes yeux allaient y chercher les
restes de Cumes, de Baïa, de Micène, noms
harmonieux que l'histoire et la poésie ont ornés
d'une auréole immortelle. A côté de moi, je
voyais la maison du Tasse; en face, la colline
verte du Pausilippe, où Virgile repose sous le
laurier des poètes. Je sentais passer sur mon
âme comme un souffle enivrant de poésie.

O mon Dieu, comment faut-il appeler ces
heures d'ivresse?... Je vous remercie de me les
avoir données, mais je ne vous demande pas
qu'elles se renouvellent; elles emportent l'âme
trop loin des sérieuses réalités de la vie! . . . .

RETOUR A ROME.

9 mai.

Voici plus de huit jours que nous sommes
revenus dans la Ville éternelle. De Naples à
Rome nous avons fait un voyage charmant en
aimable et nombreuse compagnie. Nous avons

couché le premier jour à Mola di Gaëta. La soirée était admirable : le ciel était d'un bleu foncé ; la lune envoyait sur les flots des torrents de lumière argentée ; le parfum des orangers en fleur nous enveloppait. Sur la terrasse de l'hôtel j'ai dit un dernier adieu aux doux enivrements de Naples. . . . .

En entrant à Rome, on se sent subitement lancé dans un monde nouveau. Tout est grave, sérieux, triste même, mais de cette tristesse qui élève l'esprit et produit les grandes pensées. Tout parle au cœur; chaque pierre est comme un poème qui révèle à l'âme les grands mystères de ce monde et de l'autre. Il n'y a pas une fibre de l'âme qui demeure muette devant cet admirable spectacle. On est entraîné à mêler sa voix à cette merveilleuse harmonie qui sort des abîmes du passé et va s'élevant, à travers des horizons lumineux, jusqu'aux splendeurs de l'éternité.

Oh! comme je me sens loin maintenant des enchantements de Naples!... Comment ai-je pu écouter ces voix de la terre, tandis qu'ici m'attendaient les chants du Ciel!...

Je voudrais pouvoir écrire toutes les émotions que j'ai ressenties, toutes les grandes choses que j'ai vues, tous les mystères que les harmonies de Rome m'ont fait comprendre!... Mes pensées sont trop vives, trop ardentes. Mais cette multitude d'impressions diverses ne m'accable pas, parce qu'elles se rassemblent toutes dans une seule et suprême pensée. Pour les catholiques, les splendeurs de Rome sont comme ces degrés que Dante voyait dans son paradis et qui venaient aboutir au centre même de la lumière. La grande voix du passé, la magnificence des arts, les ineffables souvenirs des saints, tout est pour eux comme un concert immense qui monte de la terre au ciel!... Ils ont reconnu la vraie Jérusalem, dont toutes les parties sont liées entre elles et se rapportent à l'unité.

Et c'est maintenant que j'ai compris tes charmes mystérieux et divins, maintenant que tu as illuminé mon âme de tes ravissantes clartés et que tu as séduit mon cœur par l'attrait des choses du ciel, c'est maintenant qu'il faut te quitter, ô Rome, mère tendre et bien-aimée!... J'avais besoin de tes douces leçons; mais Dieu, je l'espère, fortifiera et gardera ces semences précieuses. Oh! que ma langue s'attache à mon palais, que ma main se dessèche si jamais je t'oublie! Que ton image chérie ne s'efface jamais de mon cœur, que le son de tes célestes harmonies retentisse toujours dans mon âme, et que

les jours les plus sombres de la vie ne puissent
jamais voiler entièrement les rayons de lumière
dont tu m'as inondée !

SAINT-PIERRE DE ROME.

Il me semble être encore au jour où j'ai vu
Saint-Pierre pour la première fois. Je suis arrivée le cœur tout ému sur cette grande et splendide place qui est un monument unique en ce
monde. Des troupes défilaient entre l'Obélisque
et les fontaines jaillissantes; les tambours battaient, les clairons sonnaient, le soleil illuminait cette grande scène. Je ne sais quel chant
de gloire et de triomphe semblait sortir de
toutes choses et s'unir à l'hymne de reconnaissance et de joie qui retentissait dans nos cœurs.
Je connaissais depuis mon enfance la place et
l'église de Saint-Pierre, mais aucune image ne
m'avait donné une idée de la sublime harmonie
qui unit tous ces monuments. Je n'avais pas
vu cette longue chaîne de saints qui règne sur
la colonnade du Bernin et qui fait une céleste
couronne à la croix du Sauveur s'élevant en
triomphe sur l'obélisque païen comme sur un

ennemi vaincu. Je n'avais pas lu cette sublime inscription tracée sur le piédestal et qui est le chant de victoire du christianisme triomphant : « *Le Christ a vaincu ! Le Christ règne ! Fuyez, ennemis du Seigneur ; le lion de la tribu de Juda a vaincu.* »

J'ai entendu bien souvent critiquer l'église de Saint-Pierre. Certainement ce n'est plus là la piété austère et mystérieuse de nos vieilles cathédrales ; mais en entrant dans cette grande église si vaste et si sonore où le soleil d'Italie verse des flots de lumière, où toutes les richesses de l'art et de la nature amoncelées autour des saintes Reliques semblent comme un éternel monument du respect et de l'amour du peuple chrétien, on se sent transporté, saisi d'une foi profonde. Oh ! comme le cœur m'a battu lorsque je me suis mise à genoux sur la Confession de Saint-Pierre, sur ce pavé de marbre où tant de générations se sont agenouillées avant moi, à côté de cette lampe qui brûle depuis tant de siècles sur la tombe du pêcheur ! Comme je me sentais heureuse d'appartenir à notre sainte Église ! . . . .
. . . .
. . . .

Nous avons voulu voir une dernière fois Saint-

Pierre, la veille de notre départ. On célébrait l'office dans la Confession des Saints Apôtres, à cette même place où les premiers chrétiens déposaient les corps de leurs chefs comme une précieuse semence. Ce germe a grandi maintenant ; sur la grotte ignorée où quelques hommes inconnus sont venus les premiers adorer Dieu en esprit et en vérité, l'Église du Christ a élevé le plus beau de ses temples, celui d'où elle répand sur le monde entier ses lumières et ses bénédictions.

J'ai descendu avec émotion et respect le petit escalier de la Confession. Un enfant de chœur nous précédait portant un grand cierge allumé. Après quelques pas dans un corridor circulaire couvert de marbre et de sculptures, nous sommes entrés dans une petite chapelle étroite en forme de croix. Un autel s'élève au fond, tout étincelant d'or et de pierreries ; c'est là que reposent les restes précieux de saint Pierre et de saint Paul. Des lampes brûlaient devant l'autel ; un prêtre disait la messe, deux ou trois autres étaient à genoux devant lui prêts à recevoir la Communion. Je me prosternai tout émue ; j'aurais voulu pouvoir baiser cette terre sainte ! . . . .

. . . .

JOIE ET RECONNAISSANCE.

Rome, 27 mai.

C'est bien maintenant que je puis dire : « Je me suis réjouie lorsqu'il m'a été dit : Nous irons dans la maison du Seigneur! »

Oh! oui, mon Dieu, je suis entrée dans votre maison, dans le lieu où réside votre gloire; j'ai vu, j'ai compris toutes les merveilles d'amour que vous avez opérées pour nous. J'ai baisé l'escalier que vous avez gravi pour notre salut; j'ai vu votre saint Pontife, cet homme à qui vous avez donné une puissance que les anges et les saints ne possèdent pas ; j'ai vu la chaire vénérable qui soutient tout le poids du monde catholique, et qui reste debout comme un rocher au-dessus du flot des siècles écoulés; j'ai vénéré les os sacrés de vos serviteurs; je me suis laissé envelopper et pénétrer par le doux attrait de leurs vertus.

Maintenant que puis-je dire encore? J'ai

laissé échapper la parole heureuse ; c'est au Seigneur que s'adressent tous mes chants ! Je veux être à vous, ô mon Dieu, à vous sans partage ; me voilà pour faire votre volonté.

PARIS. — TYP. E. PLON, NOURRIT ET Cⁱᵉ, 8, RUE GARANCIÈRE.

PARIS

TYPOGRAPHIE DE E. PLON, NOURRIT ET Cⁱᵉ

rue Garancière, 8